A. FERRET 1979

RÉCITS
DEVANT L'ÂTRE

PAR

ÉMILE RICHEBOURG

PARIS
P. BRUNET, ÉDITEUR
RUE BONAPARTE, 31

RÉCITS DEVANT L'ATRE

VERSAILLES. — IMP. CERF, 59, RUE DU PLESSIS

RÉCITS

DEVANT L'ATRE

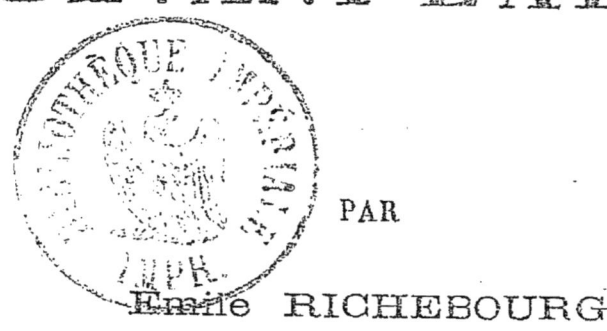

PAR

Émile RICHEBOURG

PARIS
BRUNET, LIBRAIRE-ÉDITEUR
RUE BONAPARTE, 31

1867
Tous droits réservés.

LE LIS DU VILLAGE

I

Plusieurs années déjà ont passé sur les évènements que nous allons raconter ; mais il en est de certains souvenirs comme de certaines affections, ils survivent à tout. Pour moi, le temps n'a rien changé, rien détruit, rien emporté ; je revis dans le passé avec les êtres chers que j'ai connus, aimés ; j'entends encore leurs voix : ils me parlent, je les écoute. Si des affections nouvelles ont pris dans mon cœur une large place, elles n'ont pu complètement en chasser le souvenir. Le souvenir est la vraie religion du cœur, comme aimer et adorer Dieu est la religion de l'âme. Si notre histoire n'a pas ce charme puissant que la fantaisie et l'imagination du conteur mettent dans le récit, elle aura, du moins, racontée simplement, le mérite d'être vraie. Aucun des personnages que nous allons faire connaître au lecteur n'a été inventé : tous ont existé, et quelques-uns habitent encore le village où je les ai tous connus. Ce village, appelé Cercelle, est situé dans la partie du département de la Haute-Marne la plus féconde et la plus riche en produits minéraux. Là, presque chaque commune possède un haut-fourneau, une fabrique ou une fonderie ; là le bonheur s'assied complaisamment au foyer du travailleur laborieux ; car, où le travail est aimé, la prospérité règne.

Un soir du mois de mars 1842, la femme et la fille d'un forgeron de Cercelle veillaient en attendant son retour. L'heure de la nuit était fort avancée : depuis longtemps les lumières étaient éteintes dans le village, et ses paisibles habitants reposaient. Pourquoi maître Ambroise Durier n'était-il pas encore rentré? C'était un samedi, jour de paye, et depuis quelques années Ambroise avait l'habitude d'écorner sa quinzaine dans un cabaret du village, en compagnie de quelques camarades dont il avait eu le malheur d'écouter les conseils. Ne croyez pas que les deux ou trois amis d'Ambroise étaient des enfants du pays, non. Personne ne savait d'où ils venaient; ils étaient arrivés à la fabrique demandant à être employés, et, comme le travail manque rarement à ceux qui veulent travailler, le chef de l'exploitation les avait accueillis. Partout où l'on occupe un grand nombre de bras, il se trouve quelques hommes sans famille, et dont le passé est plus ou moins équivoque ; le plus souvent ils sortent d'une grande ville qui les a rejetés hors de ses murs. C'était avec de tels amis que le forgeron Durier, le plus robuste et le meilleur ouvrier de Gercelle, passait ses soirées et oubliait sa femme et sa fille : sa femme, qu'il avait tant aimée autrefois, lorsque dans le village tout le monde la nommait Jeanne la Sage ; sa fille, tout le portrait de sa mère, aussi belle et aussi sage qu'elle, un ange qui aurait dû le retenir au logis, et dont, par sa faute, il connaissait à peine les caresses. Mais Ambroise était mal conseillé ; il avait appris à boire, et, dans l'ivresse, il ne se souvenait plus qu'il est des devoirs, que l'homme doit remplir sous peine de devenir criminel.

La salle dans laquelle Jeanne attendait son mari était au rez-de-chaussée de la petite maison qu'ils habitaient à l'extrémité du village. Le jour une grande fenêtre ouvrant sur la rue, éclairait cette pièce. D'épais rideaux de toile rouge à raies blanches empêchaient le regard curieux du passant de pénétrer dans l'intérieur de l'habitation. Une large armoire en cerisier, un pétrin, une crédence et une lourde table de chêne composaient l'ameublement, avec quelques chaises de paille grossièrement travaillées. A gauche de la cheminée se trouvait un lit enfermé dans une alcôve et garni de rideaux semblables à ceux de la fenêtre.

A la lueur jaunâtre et tremblante d'une massive lampe d'étain posée sur la table, Jeanne tricotait. Quoique n'ayant en réalité que trente-cinq ans, ses traits flétris, la maigreur de son visage et les rides de son front lui donnaient l'apparence d'une femme de quarante-cinq ans ; c'est que les années comptent double quand le cœur souffre ; or, Jeanne souffrait beaucoup depuis quelque temps : elle aimait son mari, et elle le devinait, Ambroise ne songeait plus à elle ! Elle essayait bien de reporter tout son espoir, toute sa tendresse sur son enfant chérie; mais l'ami que jeune fille elle avait choisi pour protecteur et soutien lui manquait toujours. Malgré l'égarement d'Ambroise, malgré ses brutalités qui devenaient de plus en plus fréquentes, elle ne pouvait oublier qu'il était le père de sa fille; quand il n'était pas près d'elle, elle se trouvait faible, isolée ; puis, lorsqu'il revenait, elle ne sentait plus ses défaillances, la petite maison prenait à ses yeux un air de fête, et il lui semblait que son mari ramenait avec lui une partie de ses joies et de son bonheur d'autrefois. Ah ! que n'aurait-elle pas donné pour rappeler en lui le sentiment de ses devoirs, pour le rendre à sa fille et le voir souriant, heureux et calme comme aux premiers jours de leur mariage ! Mais, hélas ! elle savait son impuissance, elle priait et pleurait en attendant l'instant où, honteux de lui-même, Ambroise déplorerait ses excès.

Jeanne avait été belle ; ses chagrins et un travail forcé, — car elle était presque seule pour fournir aux besoins du ménage, — n'avaient point effacé complétement cette délicatesse des traits, cette pureté de lignes qui constituent la beauté ; son visage, gracieux encore, avait perdu sa fraîcheur, mais on devinait aisément en la regardant, ce qu'elle avait dû être dans le passé. Vieillie avant l'âge, elle gardait comme un dernier ressouvenir du printemps.

Tout en travaillant, Jeanne prêtait l'oreille à tous les bruits du dehors ; mais elle n'entendait que les sourds aboiements des chiens de garde ou les sifflements prolongés du vent qui se heurtait contre le pignon de la chaumière. Une pluie, mêlée de neige et de grésil, —ce qu'on appelle giboulées, —

tombait chassée par la rafale et battait la porte et les contrevents.

Une larme, longtemps retenue sous la paupière, glissa le long de la joue de Jeanne et tomba brûlante sur sa main. Elle leva les yeux et arrêta son regard attristé, mais plein de tendresse sur sa fille, qui priait à genoux à quelques pas d'elle. Elle la considéra un instant avec bonheur; puis, d'une voix caressante :

— Rose, lui dit-elle, il est tard, il faut aller te reposer; tu dois éprouver le besoin de dormir.

L'enfant se leva, prit un tabouret, et vint s'asseoir aux genoux de sa mère.

— Je t'assure, maman, que je n'ai pas sommeil du tout, dit-elle. D'abord il n'est pas aussi tard que tu te l'imagines, puis je suis si heureuse de veiller avec toi.

— Sans doute, mais je ne veux pas que tu te rendes malade. A ton âge on a besoin de dormir beaucoup.

— Eh bien, laisse-moi rester encore un peu avec toi; toute seule tu t'ennuierais peut-être.

— Enfant! je ne suis jamais seule : est-ce que ma pensée ne t'accompagne pas partout? Absente ou présente, je te vois sans cesse, tiens, comme te voilà en ce moment, les bras appuyés sur mes genoux, tes yeux tournés vers moi et ta bouche me souriant.

— Alors, laisse-moi longtemps ainsi, laisse-moi t'admirer, laisse-moi t'aimer.

— Tu veux rester ?

— Oui, si cela ne te fâche pas.

— Oh ! jamais, jamais !...

Et l'heureuse mère, oubliant pour un instant toutes ses souffrances, toutes ses inquiétudes, serra fiévreusement la tête de sa fille sur son sein.

En ce moment, l'heure sonna à l'horloge du clocher du village.

Jeanne écouta anxieuse. Le marteau frappa onze coups sur la cloche.

Sa pensée revenant alors tout entière à l'absent, Jeanne n'eut plus la force de cacher son inquiétude. Ses yeux se voilèrent de larmes.

— O mon Dieu ! s'écria-t-elle, il est onze heures, et Ambroise n'est pas rentré !

— Le mauvais temps aura forcé papa de s'arrêter en chemin, dit l'enfant d'une voix timide.

— Oui, tu as raison, Rose ; sans la pluie, il serait ici depuis longtemps.

— Tu vois bien, chère mère, que tu as tort de pleurer.

Jeanne ne répondit pas; mais elle se disait en essuyant ses yeux :

— Dieu ne m'a pas abandonnée, car il a mis près de moi l'ange qui soutient et qui console.

Quelques minutes s'écoulèrent, longues et silencieuses. Jeanne, les yeux fixés sur la porte, tressaillait au moindre bruit ; elle espérait autant qu'elle redoutait l'arrivée du forgeron. Elle savait d'avance dans quel état il se trouverait, et, ne voulant pas qu'un aussi triste spectacle s'offrît aux yeux de sa fille, elle l'engagea de nouveau à se retirer dans sa chambre.

L'enfant allait sans doute céder au désir de sa mère, lorsque des pas lourds et inégaux retentirent dans la rue.

— C'est mon père, dit Rose.

— Oui, c'est lui, laisse-moi.

— Il y a bien huit jours qu'il ne m'a pas embrassée, reprit l'enfant ; je veux qu'il m'embrasse aujourd'hui. Ensuite, je lui demanderai l'argent dont tu as besoin pour moi.

— Il ne t'écoutera pas, Rose ; il sera mécontent que tu aies veillé si tard ; je t'en prie, va-t'en !

Jeanne n'avait pas cessé de parler, que la porte s'ouvrit brusquement et que le forgeron entra. Il s'arrêta un instant à l'entrée de la salle, et regarda autour de lui comme un homme qui cherche à reconnaître le lieu où il se trouve. Enfin il s'avança, les bras tendus devant lui, et chancelant sur ses jambes.

Jeanne, toute tremblante et sans voix, le regardait avec une douloureuse pitié. Quant à l'enfant, surprise et presque effrayée, elle s'était retirée dans l'angle le plus obscur de la chambre.

— Ah ça! on n'est pas encore couché ici, dit Ambroise d'un ton rude.

— Je t'attendais, répondit Jeanne.

— Je ne veux pas qu'on m'attende : je suis libre de rentrer quand cela me plaît, il me semble. Suis-je le maître ici, oui ou non ?

— Je ne vous fais aucun reproche, Ambroise, et vous n'êtes pas juste en vous mettant ainsi en colère contre moi, surtout lorsque je vous donne une nouvelle preuve de mon affection.

— Assez, je n'aime pas à entendre pleurnicher, moi.

— C'est cela ; et vous voulez que l'âme brisée, le cœur plein de tristesse, je trouve la force de vous montrer un visage souriant. Ah! Ambroise, vous n'êtes pas méchant, mais vous vous montrez quelquefois bien cruel.

— Des plaintes, maintenant, de la morale? j'aime mieux cela : Jeanne la sage est dans son rôle.

— Jeanne la sage devrait porter un autre nom aujourd'hui.

— Je voudrais bien savoir lequel ?

— Jeanne la malheureuse, répondit la pauvre femme.

Et, incapable de se contenir plus longtemps, elle voila sa figure de ses mains et éclata en sanglots.

Rose se précipita vers sa mère et chercha à l'entourer de ses bras.

— Tiens, la petite était là ! murmura le forgeron.

Puis élevant la voix :

— Rose, dit-il, venez me parler.

L'enfant s'approcha de son père et s'arrêta devant lui les yeux baissés.

— Pourquoi n'es-tu pas couchée? demanda Ambroise.

— Parce que je désirais vous voir ce soir, mon père.

— Ah ! tu désirais me voir. Je suis sûr que c'est ta mère qui t'a dit de rester près d'elle.

— Non, mon père, vous vous trompez.

— J'en suis sûr, te dis-je, et je sais pourquoi, ajouta-t-il en lançant à sa femme un regard menaçant.

— Et quand cela serait ! s'écria Jeanne révoltée. Est-ce qu'il ne m'est pas permis d'avoir ma fille près de moi

— Pour lui apprendre à ne pas m'aimer, répliqua le forgeron ; pour lui confier tes chagrins imaginaires. Voyons, Rose, réponds-moi. Que t'as dit ta mère? que je suis un brutal, un ivrogne, un mauvais père ; que je la rends malheureuse. Cela ne m'étonne point ; c'est le sujet ordinaire de ses lamentations.

— Ah! mon père, pouvez-vous penser cela ? dit Rose avec un accent de reproche.

— Ambroise, Ambroise! s'écria Jeanne, osez-vous parler ainsi à votre fille ?

— Oui, je dis ce que je veux, j'en ai le droit.

— C'est bien, Ambroise, puisque mes paroles ne savent que vous déplaire, je me tais. Viens, Rose, ajouta-t-elle en prenant la main de sa fille pour l'emmener.

Le forgeron se leva, saisit le bras de l'enfant et l'attirant violemment à lui.

— Je veux qu'elle reste, cria-t-il en tombant lourdement sur son siége.

Rose regarda sa mère comme pour demander son assentiment ; Jeanne restait immobile, tremblante toujours, mais prête à défendre son enfant contre son mari.

— Qu'avais-tu à me dire? parle, dit Ambroise à la petite fille.

— Cher père, vous savez que je fais ma première communion dans huit jours ?

— Oui. Après ?

— Il me faut une robe blanche !

— Une robe blanche !

— Un voile et une couronne.

— Eh bien ?

— Maman a besoin d'argent pour acheter tout cela.

— Ah !

— Vous lui en donnerez, n'est-ce pas ?

— De l'argent, de l'argent, je n'en ai point.

— Ça ne doit pas coûter bien cher, une robe blanche ?

— N'importe ! tu t'en passeras.

— C'est impossible, papa.

— Tu as ta robe des dimanches.

— Une robe bleue !

— Elle est toute neuve.

— Oui, mais elle n'est pas blanche.

— Ça m'est bien égal qu'elle soit blanche ou qu'elle soit bleue ; tu n'en auras pas d'autres ; je ne veux pas qu'on fasse ici des dépenses inutiles.

— Alors je ne ferai pas ma première communion, dit Rose en sanglotant.

— Eh bien, tu ne la feras pas, voilà tout. Maintenant va dormir.

Rose s'éloigna en pleurant. Rentrée dans sa chambre, elle se mit à genoux et pria avec ferveur. La douce enfant venait de comprendre en un instant tous les chagrins, toutes les douleurs de sa mère ; elle savait enfin pourquoi elle voyait si souvent couler ses larmes. L'ange gardien de son innocence dut recueillir sa prière et la porter devant l'Eternel.

Cependant la tête du forgeron, allourdie par les fumées du vin, roulait sur ses épaules; sa langue épaisse, engourdie, ne prononçait plus que des mots sans suite et inintelligibles ; ses bras paralysés pendaient à ses côtés, et ses yeux ternes et hébétés, ne distinguaient plus les objets autour de lui. L'ivresse était devenue complète.

Jeanne, puisant la force dans sa vertu, s'approcha de son mari sans murmure, sans impatience, et se mit en devoir de le dévêtir, ainsi qu'elle l'aurait fait pour un enfant. Puis, le soutenant sur ses jambes mal affermies, elle l'aida à se mettre au lit.

Au bout de quelques minutes, le forgeron dormait profondément.

Alors Jeanne s'empara du gilet de son mari, et d'une de ses poches elle sortit une bourse en cuir dont elle desserra les cordons. Un petit bruit argentin fit passer un rayon de joie dans ses yeux.

— Il n'a pas tout dépensé, murmura-t-elle ;

merci, mon Dieu! merci! Rose aura sa robe blanche.

La bourse du forgeron contenait cinq pièces de cinq francs, vingt-cinq francs sur cinquante, le gain de quinze jours de travail.

II

Nous sommes arrivés au jour de la première communion. La veille, Rose Durier avait attendu très-tard le retour de son père; il n'était rentré qu'à minuit, et Jeanne, prévoyant les fatigues du lendemain, avait ordonné doucement à sa fille d'aller se reposer. Rose s'était couchée en priant sa mère de l'éveiller le matin avant que son père eût quitté la maison. Elle voulait lui demander quelque chose qu'il n'oserait point lui refuser, du moins, elle l'espérait.

Jeanne s'était levée avec le premier rayon du soleil; elle avait tout rangé dans la maison, et, sous sa main, les meubles étaient devenus luisants et polis comme des glaces. Ensuite elle était entrée dans la chambre de sa fille; elle avait ouvert une armoire et étalé sur une table la robe blanche, le voile de mousseline et la couronne de fleurs d'aubépine dont elle devait parer son enfant pour la conduire à l'église.

Oh! comme elle était heureuse en touchant ces objets!... Sa fille, sa Rose chérie, allait être bien belle dans un instant, belle sous ce voile et cette couronne d'une blancheur immaculée, belle surtout de son innocence. Dans sa fierté et son orgueil de mère, elle ouvrait son cœur à toutes les joies, et il lui semblait qu'elle n'avait jamais souffert. Elle s'approcha doucement du lit de sa fille dont elle écarta les rideaux blancs, et, immobile, en extase, elle admira longtemps la tête gracieuse de l'enfant endormie. Il faut être mère pour comprendre cette admiration naïve et touchante.

Dans son sommeil, Rose prononça tout bas quelques mots.

Jeanne se pencha pour écouter.

— Mère, je t'aime, je t'aime! disait la jeune fille.

Jeanne émue posa ses lèvres sur le front de l'enfant.

Rose ouvrit les yeux et sourit à sa mère en lui tendant les bras, ainsi qu'elle le faisait plusieurs années auparavant, lorsque Jeanne venait la prendre dans son berceau.

Jeanne se crut sans doute tout à coup rajeunie,

car, oubliant que sa fille avait grandi, elle l'assit sur ses genoux et redevint jeune mère en l'habillant.

Un instant après le forgeron entra dans la chambre de Rose. L'enfant se suspendit à son cou et l'embrassa. Aucun signe de plaisir ne se montra sur le visage d'Ambroise.

— Cher père, lui dit Rose, j'ai une prière à vous adresser.

— De quoi s'agit-il? demanda le forgeron.

— Depuis longtemps, cher père, vous n'êtes pas allé à l'église; promettez-moi de venir à la messe aujourd'hui.

— Je n'ai pas le temps, j'ai affaire.

— On ne travaille pas le dimanche, mon père. Et puis, je fais ma première communion aujourd'hui et je serais bien heureuse si je vous voyais à l'église à côté de ma mère.

Dites-moi que vous viendrez, mon père, dites-le moi.

— Non, je n'irai pas.

— Oh! vous ne m'aimez pas, mon père, sans cela vous feriez ce que je vous demande.

Et Rose se mit à pleurer.

— Rose! ma petite Rose! s'écria Ambroise en

prenant l'enfant dans ses bras, ne pleure donc pas ; tu sais bien que je t'aime beaucoup.

Rose sourit au milieu de ses larmes.

— Vous viendrez? demanda-t-elle.

— Eh bien, je tâcherai, je ferai mon possible.

— Merci, père, dit Rose ; je savais bien que vous feriez cela pour moi.

Ambroise sortit en promettant à sa fille de revenir à neuf heures pour mettre son habit de fête et l'accompagner à l'église. A neuf heures et demie, il n'avait pas reparu. Rose et sa mère étaient habillées depuis longtemps ; elles sortirent seules.

— Il m'a promis qu'il viendrait, il viendra, disait la jeune fille à sa mère.

— Le malheureux nous oublie au cabaret, pensait Jeanne.

Ce jour-là, la modeste église de Cercelle n'était pas assez vaste pour contenir la foule des fidèles qui se pressaient dans son enceinte. Les bancs des hommes étaient occupés par les jeunes garçons et les jeunes filles appelés à la communion. Avec le prêtre tous les assistants priaient, appelant les bénédictions du ciel sur les têtes jeunes et blondes qui s'inclinaient devant l'autel. Aux voix graves des chantres de la paroisse, l'orgue répondait ; puis d'autres voix jeunes et argentines entonnaient un cantique joyeux en l'honneur de la Vierge. Puis encore tout se taisait, et, au milieu d'un silence majestueux, jeunes ou vieux, tous les fronts se courbaient vers la terre.

Plusieurs fois déjà, Rose avait regardé autour d'elle espérant voir son père; mais elle n'avait rencontré qu'un visage lui souriant, celui de sa mère.

Ambroise avait eu certainement l'intention de tenir sa promesse; mais, en quittant sa fille et sa femme le matin, il s'était un peu trop éloigné de la maison. Un de ses bons amis l'avait rencontré, et tous deux étaient entrés au cabaret pour boire un petit verre; mais à celui-là plusieurs autres succédèrent, et quand l'heure de retourner chez lui arriva, Ambroise se trouva admirablement bien en face de son camarade, et conclut qu'il devait rester là où il était à son aise. Du reste, un jeu de cartes que fit apporter son digne ami, n'eut pas de peine à faire taire tous ses scrupules.

Une dernière fois, en quittant sa place pour aller s'agenouiller devant la sainte table, Rose tourna les yeux du côté de sa mère : la place du forgeron était toujours vide, et Jeanne ne souriait plus ; elle pleurait.

Après avoir reçu la communion, Rose se leva avec ses jeunes compagnes; mais au lieu de revenir à sa place, elle se détacha du groupe, et, les yeux baissés, les mains jointes, elle se dirigea vers l'autel de la Vierge.

Cette action inexplicable surprit tout le monde ; tous les yeux restèrent fixés sur la jeune fille.

On la vit se mettre à genoux sur la première marche de l'autel et prier le visage tourné vers l'image sainte.

Au bout de deux minutes, elle se releva et revint pieusement reprendre sa place au milieu de ses compagnes.

Personne ne se douta que cette action si simple d'une jeune fille, allant prier devant l'autel de la mère de Dieu, devait avoir pour conséquence l'avenir de Rose Durier.

Le soir, à la nuit, le forgeron n'avait pas encore reparu dans la maison. Cependant Jeanne l'attendait, et elle était certaine qu'il ne tarderait pas à arriver, car, à l'occasion de la première communion de Rose, il avait invité son père et sa mère, deux vieillards septuagénaires, à venir souper chez lui.

Rose aidait sa mère à préparer les deux ou trois plats qui devaient composer le repas de la famille.

— Rose, demanda Jeanne, tu ne m'as pas dit pourquoi tu es allée prier à l'autel de la Vierge.

— Je pensais à toi, chère mère, je pensais aussi à mon père, et j'ai voulu prier pour vous.

— Chère enfant! Et qu'as-tu demandé à la bonne Vierge?

Rose se rapprocha de sa mère et lui dit à l'oreille :

— Je lui ai demandé qu'elle te rende plus heureuse et que papa devienne digne de toi.

— Que veux-tu dire, Rose?

L'enfant parut interdite ; elle baissa les yeux en rougissant.

— Ne me gronde pas, reprit-elle ; mais j'ai compris pourquoi tu pleures si souvent.

— Tu l'as compris! fit Jeanne avec émotion.

— Oui.

— O mon Dieu! s'écria Jeanne avec douleur; j'avais cependant voulu tout lui cacher.

— Rassure-toi, chère mère, avant peu mon père se sera corrigé de son vilain défaut; il ne boira plus.

— Puisses-tu dire la vérité, Rose!

— As-tu confiance en la bonne Vierge?

— Si j'ai confiance! oh! oui.

— Eh bien, espérons et attendons.

— Espérons et attendons, répéta Jeanne.

Elle ouvrit ses bras à sa fille.

— En t'envoyant sur la terre, reprit-elle, Dieu a mis en toi le cœur et l'âme d'un de ses bons anges.

Un éclat de rire hébété, stupide, sembla répondre à ces paroles.

La mère et la fille se retournèrent vivement.

Le forgeron était à quelques pas d'elles. Les jambes écartées et le dos en arc, il les regardait en ricanant.

— Joli, joli, dit-il d'une voix enrouée; et moi, est-ce qu'on ne m'embrasse pas?

— Dans quel état revient-il! murmura Jeanne en soupirant. Rose, donne une chaise à ton père.

La jeune fille s'empressa d'obéir. Mais Ambroise repoussa le siége du pied et alla s'appuyer contre le pétrin.

— Comme elle est gentille, ma petite Rose, dit-il. Eh! eh! la toilette lui va à ravir, on dirait d'une riche demoiselle, n'est-il pas vrai, Jeanne?

— Mais oui, répondit la mère heureuse du compliment adressé à sa fille. Ce matin, pendant la messe, tout le monde l'admirait.

— Et vous seul n'étiez pas là pour me voir, mon père.

— C'est vrai; mais ce n'est pas ma faute, vois-tu; les amis...

— Ambroise, n'appelez pas les hommes que vous

fréquentez, et avec lesquels vous passez des journées et des soirées entières, vos amis. Dites plutôt que ce sont vos mauvais génies, reprit Jeanne.

— Et pourquoi cela, Jeanne la grondeuse ?

— Parce que leurs conseils vous ont perdu. Avec eux vous avez désappris à respecter les choses les plus saintes ; votre cœur est devenu insensible, et vous foulez sous vos pieds vos chères croyances d'autrefois. Sont-ce vos amis, ceux-là qui vous retiennent loin de votre maison lorsque votre femme inquiète sur votre sort et sur l'avenir de son enfant, gémit en vous attendant ? Non, je vous le dis encore, ces hommes ne sont pas vos amis.

— As-tu fini ?

— Oui, car toutes mes paroles sont vaines ; depuis longtemps ma voix a perdu le don de vous toucher.

— Eh bien, ne parle jamais, ça te réussira peut-être.

— Ah ! Ambroise, tu pourrais être si heureux...

— C'est ça, attendrissons-nous, maintenant. Ma parole, j'ai envie de m'en retourner.

— Près de vos chers amis ; ils sont si précieux !

— Oui, ils sont précieux ; avec eux je m'amuse au moins, tandis qu'ici...

— Vous vous ennuyez. Ce n'est pas d'aujourd'hui que vous me le faites sentir, et bien cruellement encore.

Ambroise haussa les épaules en tournant la tête.

— Tiens, qu'est-ce que c'est que ça? fit-il en prenant la couronne de première communion que Jeanne avait posée sur le pétrin un instant auparavant.

— C'est ma couronne, mon père, dit Rose.

— Ah! eh bien, je la trouve laide, ta couronne, reprit le forgeron.

Et, regardant sournoisement sa femme, il se mit à en froisser les fleurs dans ses larges mains.

Jeanne poussa un cri de mère offensée, s'élança vers son mari et lui arracha la couronne.

— Tu n'es pas digne d'y toucher, s'écria-t-elle le regard étincelant, le visage enflammé.

— Je l'ai souillée, fit le forgeron devenu blême de colère; eh bien, le feu purifie.

En disant ces mots, il s'empara de nouveau du modeste emblême et le jeta dans la flamme du foyer.

En une seconde la couronne fut consumée.

— Ambroise, Ambroise! exclama la pauvre femme, tu n'es qu'un malheureux!

Rose pleurait à chaudes larmes.

— Tais-toi, Jeanne, tais-toi, dit le forgeron en faisant un geste plein de menace.

Sa physionomie avait pris soudain le masque d'une cruauté repoussante. Mais Jeanne, exaspérée et poussée à bout par l'action brutale de son mari, se redressa majestueusement dans son indignation.

— Non, je ne me tairai pas, s'écria-t-elle avec force, trop longtemps j'ai souffert et dévoré secrètement mes larmes; à force de se sentir déchiré, mon cœur exhale enfin un cri de douleur. L'épouse a pu se résigner, car son bonheur seul était compromis; mais aujourd'hui je sens que je suis mère, et, du moment que ma fille peut avoir à souffrir, je me lève pour la protéger et la défendre. La faiblesse que j'ai montrée jusqu'à ce jour a été coupable, très-coupable, je le vois, car elle a en quelque sorte autorisé votre conduite. Si dès le commencement, au lieu de gémir en silence, je vous avais résisté; si j'avais été sévère et forte, je me serais épargné bien des tourments et à vous, peut-être, des remords. Maintenant, l'épouse méprisée, humiliée, oublie et vous pardonne; mais la mère se révolte et vous crie : Respect à votre fille! respect à mon enfant!

— Jeanne, prends garde! prends garde! hurla le forgeron.

Et les lèvres écumantes, lançant des éclairs de

ses yeux fauves, il leva le poing sur la tête de sa femme.

— Tue-moi, tue-moi! cria Jeanne; j'aime mieux mourir sur l'heure que de vivre plus longtemps avec un misérable tel que toi.

Ambroise fit entendre comme un rugissement de bête farouche et s'empara d'un maillet qui se trouva sous sa main.

D'un bond, Rose s'élança entre son père et sa mère. Le coup destiné à Jeanne la frappa en pleine poitrine.

Elle poussa un cri étouffé, chancela un instant et tomba inanimée dans les bras de sa mère. Quelques gouttes de sang teintèrent de rouge ses lèvres roses.

— Le monstre! cria Jeanne d'une voix éclatante, il a tué sa fille...

En voyant chanceler l'enfant, Ambroise resta immobile, le regard fixe et la bouche ouverte comme si la foudre l'eût frappé. Puis, soudainement dégrisé, il comprit tout ce qu'il y avait d'horrible dans son action. La voix du sentiment cria en lui; ses entrailles de père s'émurent, et il sentit son cœur se serrer comme par une affreuse pression. Ses oreilles bourdonnèrent, un voile de sang couvrit ses yeux, et palpitant, épouvanté, presque fou, il tomba aux genoux de sa fille en sanglotant.

— Assassin, arrière ! lui cria Jeanne d'une voix terrible en le repoussant.

Ambroise courba la tête. Il prit dans ses grosses mains rudes les petites mains brûlantes de sa fille et se mit à les baiser avec transport.

Au bout d'un instant, Rose rouvrit les yeux. Ambroise poussa une exclamation de joie.

— Sauvée ! dit-il ; elle est sauvée !

Rose considéra son père avec étonnement d'abord, puis elle sourit.

— Jeanne, reprit Ambroise avec gravité, pardonne-moi. A partir d'aujourd'hui, je te jure que tu n'auras plus à te plaindre de ton mari, je te jure que je ne boirai plus.

Rose regarda sa mère. Son regard semblait lui dire :

— Tu vois que je ne t'ai pas trompée...

Quand les vieux parents arrivèrent, le forgeron tenait dans ses bras sa femme et sa fille. Ambroise et Jeanne accueillirent en souriant les deux vieillards.

III

Ambroise n'oublia point le serment qu'il avait fait à sa femme et qu'un moment de désespoir lui avait arraché. Non-seulement il cessa d'aller au cabaret ; mais peu à peu, il s'éloigna des faux amis qui l'avaient entraîné et finit par leur devenir tout à fait étranger. Ne se dérangeant plus de son travail, ses quinzaines devinrent meilleures. Jeanne s'en aperçut bientôt en voyant s'arrondir la bourse où elle renfermait les économies du ménage. Les chagrins avaient vieilli et flétri la pauvre femme ; le bonheur lui rendit une partie de sa jeunesse, et avec la santé sa beauté reparut. La maison du forgeron, triste et silencieuse naguère, s'égayait maintenant dès le lever du soleil, lorsque Jeanne, la chanson et le sourire aux lèvres, venait avec sa fille s'asseoir près de la fenêtre qui, garnie de fleurs et de plantes grimpantes, laissait voir les deux jolies têtes dans un cadre de verdure. Bien souvent, pensive et rêveuse, la jeune fille égarait son esprit dans les espaces infinis ; avec son âme, sa pensée s'envolait loin de la terre. Alors, les yeux fixés dans le vide et le front penché, elle semblait en communication mystérieuse avec des êtres invisibles. C'était peu de temps après la première communion de Rose que la mère avait surpris, la première fois, l'enfant tout entière à ses rêves inconnus.

— A quoi penses-tu ? lui demanda-t-elle un jour.

— Au bon Dieu et aux anges, répondit Rose.

Et la mère comprit qu'elle devait respecter les pensées de son enfant.

Quelquefois, cependant, en regardant la jeune fille, elle se sentait inquiète ; sans savoir pourquoi, son cœur se serrait douloureusement. Elle se disait tout bas que Rose était bien pâle et que ses grands yeux, pleins de langueur, brillaient d'un éclat un peu trop vif. Mais, comme la jeune fille grandissait vite, elle se rassurait en pensant que la blancheur transparente de ses joues était un effet de sa croissance.

Quatre années s'écoulèrent. Rose allait avoir dix-sept ans. Ces quatre années avaient été pour la jeune fille quatre fées bienfaisantes ; l'une après l'autre lui avait laissé en passant quelques dons précieux ; sous leurs baguettes magiques, Rose s'était épanouie, belle et gracieuse comme la fleur dont elle portait le nom.

Après une courte maladie, le père du forgeron mourut. Vieux et usé par le travail, on s'attendait à le voir s'éteindre ; néanmoins ce fut une grande douleur pour Ambroise. Sa vieille mère, très-âgée aussi, et de plus accablée par les infirmités qui s'attachent à la vieillesse, allait être bien seule dans sa petite maison. Jeanne, il est vrai, pouvait passer chaque jour une heure ou deux auprès d'elle; mais le reste du temps, devait-on abandonner la pauvre femme dont la mauvaise santé réclamait des soins continus ?

Rose demanda à ses parents l'autorisation de demeurer chez sa grand'mère. Il y eut bien quelque hésitation de la part du forgeron et surtout de Jeanne, qui craignait pour la jeune fille des fatigues au-dessus de ses forces; mais Rose fit valoir de si bonnes raisons, que tout s'arrangea selon ses désirs.

La vieille mère pleura de joie lorsqu'on lui apprit que Rose allait habiter avec elle.

— Est-ce Ambroise qui a eu cette excellente idée ? demanda-t-elle.

— Vraiment non, ma mère, répondit le forgeron. C'est l'enfant qui l'a voulu.

— Viens, ma Rose, viens, reprit la vieille mère,

2.

tout ce que je pouvais désirer d'heureux encore, tu me le donnes aujourd'hui. Mais je n'abuserai pas de ton dévouement ; je ne veux pas que ta jeunesse si belle se passe au chevet d'une vieille femme maussade et infirme ; pour te rendre libre bientôt, je me dépêcherai de mourir.

— Oh ! chère mère, fit Rose, pouvez-vous parler ainsi à vos enfants !...

— L'entends-tu, Ambroise ? Elle me gronde.

— Elle a raison, ma mère ; pourquoi parlez-vous de mourir ?

— Dieu dispose de nous, mes enfants : quand il le voudra, je serai prête à aller à lui. Maintenant, Rose, tu es la maîtresse ici. Ma pauvre maisonnette et tout ce qu'elle renferme est à toi. J'ai là, dans l'armoire, deux pièces de belle toile d'Alsace ; tu pourras t'en servir pour commencer ton trousseau.

— Mon trousseau ! répéta Rose pensive.

— Voilà une heureuse idée, ma mère, dit le forgeron ; car enfin, d'ici un an ou deux, on pensera à la marier. N'est-ce pas, Rose ?

La jeune fille parut ne pas avoir entendu ; mais tout bas elle se disait :

— Je resterai près de ma grand'mère jusqu'à sa mort ; alors seulement j'appartiendrai à l'époux de mon choix.

La tâche que Rose s'était imposée n'avait rien de rude ni de difficile ; mais elle demandait une sollicitude très-grande et une patience éprouvée, car la mère Durier exigeait beaucoup : elle voulait avoir constamment la jeune fille près d'elle.

— Quand je te vois ou que je t'écoute, lui disait-elle, j'oublie toutes mes souffrances.

Rose lui lisait chaque jour la valeur d'un volume. Le curé de Gercelle avait mis toute sa bibliothèque à la disposition de la jeune fille.

Lorsque le temps était beau, Rose et sa grand'mère allaient s'asseoir au fond du jardin, à l'ombre. Ce jardin, assez vaste et un peu délaissé, était néanmoins rempli de plantes potagères. Deux allées, se croisant, le coupaient en parties égales dans sa longueur et dans sa largeur ; elles étaient bordées de fraisiers. Quatre grands pruniers, aux branches feuillues, empêchaient le soleil de sécher trop vite les plates-bandes. A l'extrémité de la grande allée, on avait ménagé une sorte de rond-point, au milieu duquel se trouvait une madone de granit, posée sur un piédestal de pierre ordinaire. Cette enceinte était close d'une haie de framboisiers et de groseilliers qui poussaient et vivaient fraternellement les uns avec les autres. De chaque côté de la madone, il y avait un banc de pierre. C'est là que Rose aimait à conduire sa chère malade. Celle-ci, bien souvent, s'endormait en écoutant le babil monotone de la fauvette; et l'enfant tout en travaillant, regardait la douce figure de la statuette, et veillait sur le sommeil de la vieille femme, ainsi qu'une jeune mère près du berceau de son nouveau-né.

Rose aimait les fleurs, ses petites mains remuèrent la terre autour de la madone, et on les vit naître et s'épanouir comme par enchantement. Plusieurs personnes s'étaient empressées d'offrir à la jeune fille une quantité variée de graines, d'oignons et de racines. Mais Rose avait fait sa plus riche moisson dans le jardin d'un riche cultivateur de Cercelle, voisin de sa grand'mère.

Le fermier avait un fils de vingt-deux ans. Tout en fourrageant parmi les plates-bandes de son père pour emplir le tablier de Rose, il ne put s'empêcher de remarquer combien il y avait de candeur et de bonté dans le regard de la jeune fille, et il savait par les conversations des ouvriers combien son cœur renfermait de belles et précieuses qualités !... n'était-elle pas citée dans le village comme la meilleure, la plus sage et la plus pieuse des jeunes filles de Cercelle? Le jeune homme pensa beaucoup à cela. Bientôt le fermier s'aperçut que son fils était plus souvent au jardin, où il n'avait rien à faire, que dans les champs, où le travail ne manquait point. Le jeune paysan, en effet, s'oubliait un peu trop à admirer les fleurettes que la main de Rose faisait fleurir ; il passait chaque jour de longs instants debout contre la haie qui séparait les deux jardins. Quelquefois il se hasardait à parler à la jeune fille, et il était heureux lorsqu'elle lui avait répondu par quelques paroles ou seulement par un sourire.

Un jour de grande hardiesse, au risque de déchirer son vêtement, il passa au travers de la haie et entra dans le jardin de la veuve Durier. Il portait dans ses bras un lis magnifique qu'il venait d'arracher.

— Cette fleur manque près de la madone, dit-il à Rose.

C'était la seule raison qui pût lui faire obtenir le pardon de sa petite incartade.

Rose ne se fâcha point.

Le lis, remis en terre, fut soigné par la jeune fille avec un soin tout particulier ; il devint le roi du parterre.

Il fut permis au jeune paysan de venir quelquefois causer avec Rose et sa grand'mère. Il profita si bien de la permission, que le passage qu'il s'était ouvert dans la haie alla toujours en s'élargissant.

Un matin, le fermier aperçut la trouée et n'eut pas de peine à deviner qui l'avait faite. Il comprit alors pourquoi son fils allait si fréquemment au jardin.

— Ah! ah! monsieur mon fils, se dit-il, je m'explique maintenant ta passion pour les fleurs; mais ce ne sont point les giroflées, ni les camélias, ni les œillets, ni même les tulipes que tu aimes le mieux : ce sont les roses, ou plutôt une seule rose, la Rose du forgeron Durier. C'est encore une enfant; mais elle est honnête et sage, et puis son dévouement pour sa vieille grand'mère est admirable. Tout cela vaut quelque chose. Allons, allons, mon fils, vous avez bon goût, et je suis content de savoir que vous n'êtes pas un sot.

Et le fermier, les mains derrière le dos, acheva de faire le tour de son jardin en riant doucement.

Le même jour, il se trouva seul avec son fils dans un pré dont on avait coupé l'herbe la veille, et que les faneuses venaient d'abandonner. Il l'appela et lui fit signe de s'asseoir à côté de lui sur le foin.

— Dis-moi, Charles, lui dit-il, sais-tu qui s'est amusé à percer la haie de mon jardin, du côté de la mère Durier?

Le jeune homme devint aussitôt rouge jusqu'aux oreilles.

— Tu ne réponds pas, reprit le fermier.

— Je ne crois pas le dommage bien grand, mon

père ; mais, si vous croyez le contraire, ne cherchez pas le coupable trop loin : c'est moi.

— Je m'en doutais, car j'ai vu de bien jolies fleurs dans le jardin de la veuve. J'y ai vu aussi une jeune fille charmante.

Le jeune paysan baissa les yeux.

— Est-ce que tu l'as remarquée, la fillette à Jeanne le sage ?

— Oui, mon père. Et si vous ne voyez pas d'empêchement ?

— Eh bien ?

— Rose sera ma femme.

— Je te donne d'avance mon consentement, J'espère que le forgeron ne nous refusera pas sa fille, car je ne vois pas qu'il puisse trouver ici, à Cercelle, un meilleur parti pour elle.

— Tenez, mon père, vous me rendez bien heureux.

— Rose n'est pas une fille à dédaigner, continua le fermier sans répondre aux paroles expansives de son fils ; son père est un rude travailleur qui gagne de bonnes journées et qui lui amassera sûrement un magot. Et puis, à ma connaissance, la vieille Durier n'a pas moins de quatre à cinq mille écus d'argent bien placé. Tout ça sera pour la Rose un jour. C'est donc une fille presque riche et la meilleure à choisir dans tout Cercelle. Savais-tu ça, mon garçon ?

— Non, mon père. Mais pour faire le bonheur de son mari, Rose n'aurait pas besoin de cette fortune.

— Pour faire le bonheur d'un mari, je ne dis pas ; mais pour en trouver un, ce n'est pas la même chose.

Le jeune homme sentit qu'il était raisonnable de ne pas répondre. D'ailleurs, il n'avait point à défendre son affection pour Rose contre les idées de son père. Du moment que le fermier l'approuvait, il lui importait fort peu que ce fût pour un motif ou pour un autre.

— Je verrai le forgeron un de ces jours, reprit le fermier ; je lui dirai deux mots de cette affaire, et nous arrangerons ça.

Charles remercia son père, et ils se séparèrent, le fermier songeant à ses foins, à ses moissons et à l'argent qu'il retirerait d'une récolte abondante ; le fils, le cœur joyeux, pensant à Rose, à son mariage, à l'avenir, à toutes les joies d'une vie heureuse...

Le lendemain, dans l'espoir de voir la jeune fille, Charles ne quitta presque pas le jardin ; mais Rose ne se montra point parmi ses fleurs. Il apprit, le soir, que la veuve Durier était devenue très-malade, et que, d'heure en heure, on attendait son dernier moment.

Elle mourut quelques jours plus tard.

— Pauvre Rose! pensa Charles, elle doit être bien malheureuse aujourd'hui.

Et, malheureux lui aussi, il regardait avec mélancolie la statuette de la Vierge, le beau lis fleuri près d'elle et toutes les fleurs de la jeune fille. Les corolles languissantes s'inclinaient sur leurs tiges à moitié desséchées. De chacune, la brise emportait, en passant, quelques pétales grillés par le soleil.

— Elles n'ont pas été arrosées depuis longtemps, se dit Charles; encore quelques jours, et toutes seront flétries. Chères petites fleurs qu'elle aime!... Mais je ne veux pas que vous mouriez, je veux qu'elle vous retrouve belles et souriantes lorsqu'elle reviendra vous visiter.

Il puisa de l'eau dans un puits et en inonda les fleurs.

IV

Un matin le fermier dit à son fils :

— Hier, je passais devant la maison du forgeron; j'ai pensé à toi et je suis entré.

— Vous lui avez parlé? s'écria le jeune homme.

— Sans doute, je n'avais pas d'autres raisons pour lui faire une visite.

— Que vous a-t-il répondu? demanda Charles avec anxiété.

— Qu'il était heureux demande, et qu'à ce sujet il interrogerait sa fille. Seulement il veut que dans tous les cas nous laissions passer un an avant le mariage.

— Une année! si longtemps?... fit le jeune homme.

— « Ma mère vient de mourir, m'a-t-il fait observer; ce serait mal de songer à la joie et de nous réjouir au bord de sa tombe à peine fermée. » J'ai compris cela, et j'ai été de son avis.

— C'est juste, mon père. J'attendrai.

Depuis la mort de sa grand'mère, la jeune fille était encore plus rêveuse qu'auparavant. A voir sa jolie tête penchée, ses yeux demi-clos, on aurait pu croire qu'elle se courbait sous une lassitude générale, sa mélancolie prenait un caractère tout à fait alarmant.

Et Jeanne se disait souvent :

— Rose a quelque chose : une pensée secrète l'occupe. Pourquoi me la cache-t-elle ?

Dès les premières paroles que son mari adressa

à la jeune fille, elle se disposa à écouter les réponses que ferait Rose ; mais, malgré elle, elle se sentait inquiète et mal à l'aise.

— Dis donc, Rose, fit le forgeron en souriant, il paraît que tu as un promis.

— Un promis, mon père ! répondit la jeune fille étonnée.

— Mais oui, et un jeune homme très-bien, ma foi. Nous avons appris cela ces jours derniers.

— Et vous me l'apprenez aujourd'hui, mon père, car j'ignore...

— Oh ! tu ignores...

— Je ne comprends vraiment pas ce que vous voulez dire.

— En es-tu bien sûre ?

— On ne peut plus certaine, mon père.

— Je crois que tu te souviens mal, et qu'en cherchant un peu...

— Je vous assure, mon père...

— On dit pourtant, interrompit le forgeron, que ce jeune homme causait souvent avec toi.

Rose fit un mouvement brusque et se tourna vers sa mère, une interrogation dans le regard.

— C'est son père qui nous l'a affirmé, dit Jeanne.

— Charles... Charles Blondell... s'écria la jeune fille.

Et ses joues devinrent encore plus blanches que d'ordinaire.

— Ah! tu vois bien que tu le connaissais, reprit Ambroise en riant.

Deux larmes jaillirent des yeux de la jeune fille.

— Rose, mon enfant! s'écria Jeanne effrayée.

— Ce n'est rien, reprit la jeune fille avec un sourire plein de tristesse.

Elle essuya vivement ses yeux, et, s'adressant à son père :

— Vous avez vu M. Blondel, que vous a-t-il dit? demanda-t-elle.

— Que son fils désirait t'avoir pour femme, et il t'a demandée en mariage.

— Et vous avez répondu ?

— Que nous t'en parlerions.

— Eh bien, mon père, voyez M. Blondel dès demain, et dites-lui que je ne veux pas me marier.

— Que tu ne veux pas te marier? répéta Ambroise, qui crut avoir mal entendu.

— Oui, mon père.

— Oh! c'est impossible! s'écria le forgeron. Rose, tu réfléchiras.

— C'est tout réfléchi, mon père.

— Charles Blondel te convient, et je suis sûr qu'il te rendrait heureuse.

— Je le crois comme vous, mon père; Charles Blondel est un bon et loyal jeune homme que j'estime.

— Ce qui ne t'empêche pas de le repousser sans pitié et sans te soucier de la peine que tu lui feras.

— Il le faut, puisque je ne puis être sa femme.

— Pourquoi? Dis-nous au moins pourquoi.

Rose laissa tomber ses paupières sur ses grands yeux et ne répondit point.

Un regard de sa femme fit comprendre à Ambroise qu'il ne devait pas insister et qu'il n'avait plus rien à dire. Au bout d'un instant il se leva et sortit pour ne pas laisser voir son mécontentement.

Jeanne, restée seule avec sa fille, l'attira doucement sur ses genoux, la baisa au front, et, tout en lissant ses beaux cheveux :

— Tu as fait de la peine à ton père, lui dit-elle, il est parti contrarié.

— Je le regrette, chère mère; mais j'ai dû lui répondre ainsi que je l'ai fait.

— Tu aurais pu lui donner une raison. J'ai l'habitude de lire sur ton visage : j'ai compris ton silence et deviné que tu ne dirais pas à ton père toute ta pensée; mais à moi, tu ne dois point te cacher : on confie tout à une mère.

— Oui, mère, tout.

— Ainsi tu vas me dire pourquoi tu ne veux pas de Charles pour ton mari. Est-ce qu'il te déplaît?

— Non.

— Eh bien, alors, pourquoi?

— Parce que je veux être religieuse, ma mère.

— Religieuse! fit Jeanne dont les yeux arrondis se fixèrent sur le visage de la jeune fille.

— Oui, chère mère. Dans trois mois j'entrerai au couvent.

— C'est donc vrai? Quoi! tu veux nous abandonner... Rose, Rose, tu ne nous aimes donc plus?

— Oh! ma mère vous savez bien le contraire.

— Et froidement tu parles d'entrer au couvent! s'écria Jeanne désolée; tu ne sais donc pas qu'une fois les portes d'une de ces maisons refermées sur toi, tu seras à jamais perdue pour nous? Nous n'avons que toi seule au monde, Rose; tu es notre joie, notre espérance, et tu veux nous condamner à te pleurer!... Mais non, tu nous aimes, nos larmes te toucheront, tu ne résisteras pas à mes baisers. Songes-y, Rose, sans toi nous ne pourrions plus vivre. Ne plus te voir chaque jour, ne plus entendre ta voix désormais!... oh! non, c'est impossible; tu ne peux le vouloir. Renonce à ce projet qui me fait frissonner de terreur, qui me brise le cœur. D'ailleurs, ton père ne te permettra pas de nous quitter, et j'espère bien que tu ne lui désobéiras point.

— Vous m'aiderez à obtenir son consentement, chère mère.

— Moi, moi !... ah ! tu ne le crois pas !...

— Il le faut.

— Mais qui donc a pu t'inspirer l'idée de te faire religieuse ?

— Dieu sans doute, ma mère ; c'est un vœu que j'ai fait volontairement.

— Un vœu ! répéta Jeanne consternée.

— Oui, le jour de ma première communion. Vous vous souvenez que je suis allée prier à l'autel de la Vierge ? continua la jeune fille.

— Je m'en souviens.

— Je pensais à vous, ma mère ; je venais de voir couler vos pleurs, je devinais toutes vos souffrances, je savais que mon père ne vous rendait pas heureuse. Alors j'ai promis de me consacrer à Dieu si mon père redevenait digne de vous, si un jour toute sa tendresse vous était rendue. Le ciel a exaucé mes vœux ; maintenant, ma mère, c'est à moi de tenir ce que j'ai promis.

Jeanne courba son front, et, la poitrine oppressée par des sanglots, elle pressa fiévreusement sa fille sur son sein.

— Dieu t'appelle à lui, dit-elle; que sa volonté soit faite!

Elle pleurait; mais à travers ses larmes on voyait dans ses yeux comme le rayonnement d'une joie divine. Pour elle, le sacrifice était accompli.

Le forgeron opposa à la volonté de Rose, soutenue par le consentement de sa mère, une résistance opiniâtre; la lutte dura plus de deux mois. Enfin, il se laissa persuader, et Rose partit pour la ville où l'attendaient les sœurs de la Providence.

V

Rose était toute la joie de la maison, le rayon printanier qui l'égayait; son absence y laissa un vide que rien ne pouvait combler. Jeanne avait oublié ses chansons; elle ne riait plus. Silencieuse et pensive en travaillant, elle se demandait sans cesse : Que fait-elle en ce moment? Pense-t-elle à nous? Est-elle heureuse? Puis son regard s'arrêtait à la place où Rose avait l'habitude de s'asseoir, et elle ne détournait les yeux que lorsque les larmes, qui coulaient à son insu, l'empêchaient de distinguer les objets. Il lui arriva plusieurs fois, croyant entendre la voix de Rose qui l'appelait, de lui répondre comme si la jeune fille eût été près d'elle. En reconnaissant son erreur, elle soupirait. Bien souvent, debout près du lit de Rose, elle restait longtemps immobile, regardant l'oreiller sur lequel la tête de sa fille reposait autrefois. Les objets qui lui avaient appartenu, et qu'elle n'avait pas emportés avec elle, étaient conservés par Jeanne avec un soin religieux.

— Ce sont mes joyaux, disait-elle aux voisines qui venaient lui faire une visite de temps en temps.

Et l'on parlait de Rose longuement, pendant des heures entières.

Un changement notable s'était opéré également chez le forgeron ; il était devenu sombre et peu communicatif ; il passait dans les rues de Cercelle comme une âme en peine égarée sur la terre ; ses camarades qui avaient admiré sa joyeuse humeur, sa gaieté toujours prête à provoquer celle des autres, ne le reconnaissaient plus. Il se mettait à sa forge sans dire un mot, faisait rougir le fer et le tordait sur l'enclume à grands coups de marteau, et cela machinalement comme un automate ; il semblait ne plus avoir en lui que la force prodigieuse des muscles et des bras. Parfois il laissait refroidir une gueuse chauffée à blanc sans songer à la travailler.

Autour de lui les ouvriers disaient :

— Durier travaille moins : il n'est plus le forgeron courageux et fort d'autrefois.

— Pourquoi me tuerais-je à battre le fer? répondit un jour Ambroise. Je n'ai plus à amasser une dot pour ma fille; je serai toujours assez riche.

Ces paroles étaient dites tranquillement, mais avec une amertume profonde. Cependant il ne savait pas que, si sa fille était entrée au couvent, il en était la première cause. En lui cachant la vérité, Jeanne lui avait épargné une douleur bien autrement cruelle.

Pour Ambroise et pour Jeanne, l'hiver qui arriva fut bien triste, bien désolé. Pendant les longues veillées, assis aux deux coins de la cheminée, lui lisant, elle filant ou cousant, ils échangeaient à peine quelques paroles.

Et pourtant ils s'aimaient tout autant qu'autrefois, mieux peut-être; mais il leur suffisait d'un regard pour se comprendre.

Quand une lettre de Rose arrivait à Cercelle, c'était un jour de grande fête pour les parents. L'un après l'autre la lisait d'abord, puis une troisième lecture était faite à haute voix, soit par Jeanne, soit par son mari. Ensuite on la serrait précieusement dans un tiroir avec les précédentes, et on la relisait au bout de quelques jours ; un peu plus tard on la reprenait une fois encore, si une nouvelle lettre de la jeune fille tardait à venir.

Jeanne rencontra un jour Charles Blondel dans un sentier au milieu des champs. On était au mois de mars, la campagne commençait à verdir. Les joues du jeune homme s'étaient creusées, son teint avait pâli ; ses yeux sans éclat laissaient deviner la douleur aiguë, incessante, qui était en lui et qu'il comprimait dans son cœur. Il ne paraissait plus, lui aussi, que l'ombre de ce qu'il avait été.

En le voyant, Jeanne ressentit comme un déchirement intérieur.

— Bonjour, madame Durier, dit le jeune paysan, vous allez bien ?

Bien doucement, Charles Mais vous ?...

— Oh ! moi, fit-il avec insouciance, je ne désire rien ; j'accepte tout ce qui m'arrive de bon ou de mauvais, sans plaisir comme sans chagrin. Avez-vous reçu des nouvelles de mademoiselle Rose ?

— Je suis allée la voir il y a quatre jours.

— Ah ! comment va-t-elle ?

— Assez bien. Cependant je l'ai trouvée très-changée : elle a maigri ; ça m'inquiète.

— Voici la belle saison, les beaux jours lui feront du bien.

— Là-bas, elle n'en profitera guère, la chère enfant.

— Elle ne parle donc pas de revenir à Cercelle?

— Non, répondit tristement Jeanne.

Le jeune homme se détourna pour essuyer une larme.

— Vous l'aimiez bien, Charles? reprit Jeanne d'une voix pleine de tendresse.

— Oh! oui, soupira-t-il; je ne l'oublierai jamais.

Jeanne lui prit la main et la serra affectueusement.

Et ils se séparèrent.

Jusqu'à la fin d'avril les parents de Rose reçurent régulièrement une lettre tous les quinze jours. Mais le vingt mai, au matin, celle qu'ils attendaient depuis le quinze n'était pas encore arrivée.

— Je le sens, dit Jeanne agitée par des craintes de toutes sortes, ma fille est malade.

Ambroise essaya de la rassurer.

Dans la soirée, elle annonça à son mari que le lendemain elle partirait pour la ville.

— Demain nous recevrons une lettre, dit le forgeron.

— N'importe ; seulement je ne partirai que quand le facteur sera passé.

Ambroise ne s'était pas trompé ; une lettre arriva, en effet ; mais elle était d'une écriture inconnue et justifiait toutes les craintes de Jeanne.

« Votre fille est très-dangereusement malade, leur écrivait-on, et la supérieure croit de son devoir de vous prévenir. »

La voiture commandée par Jeanne l'attendait ; son mari y prit place à son côté, et ils partirent ensemble. Ils ne s'arrêtèrent qu'à la porte du couvent qui s'ouvrit devant eux aussitôt.

Une religieuse s'empressa de les conduire à la chambre de la malade. Rose, calme comme une chrétienne pleine de foi et de piété qui, après avoir rempli son devoir sur la terre, va s'endormir dans le sein de Dieu, était mourante ; mais, lorsqu'elle reconnut les visages de son père et de sa mère inclinés vers le sien, ses yeux brillèrent et un dernier sourire agita ses lèvres décolorées. Jeanne et Ambroise étaient arrivés à temps pour recevoir ses deux derniers baisers : une demi-heure plus tard, après leur avoir montré le crucifix comme pour leur indiquer où elle avait pris sa force et où ils devaient chercher leur consolation, elle exhala son dernier soupir entre leurs bras.

Ce fut comme un coup de tonnerre qui frappa la pauvre mère en plein cœur, elle poussa un cri rauque et roula sans connaissance sur les dalles de la chambre.

Le forgeron, les doigts crispés dans ses cheveux lançait autour de lui des regards sombres, affolés. Sa douleur éclata dans un effrayant accès de colère. Il accusa la communauté tout entière d'avoir causé la mort de sa fille.

— Oui, disait-il, les privations qu'on lui a imposées ont détruit sa santé, elle est morte faute de soins.

— N'accusez personne de la perte de votre enfant, lui dit le vieux médecin qui avait soigné la jeune fille pendant sa maladie; le mal sous lequel elle a succombé était en elle depuis longtemps : jeune encore, elle a dû recevoir un coup violent dans la poitrine. La cause de sa mort est venue sûrement de cet accident.

A cette révélation écrasante pour lui, Ambroise poussa un sourd gémissement et se courba en deux comme si un quartier de roche fût tombé sur sa tête.

Son regard rencontra celui de Jeanne, qui, revenant à elle, avait entendu les paroles du docteur. Il n'en put supporter la fixité, ni l'expression profondément douloureuse.

— Ah ! je suis maudit, exclama-t-il.

Et il s'élança hors de la chambre en criant :

— J'ai tué ma fille, j'ai tué ma fille !..

— Le pauvre homme ! dit une religieuse, sa douleur l'a rendu fou.

La supérieure reprit :

— Sa fille était un ange, elle priera pour lui.

Jeanne s'était agenouillée et sanglotait près du lit de Rose.

Dans la soirée, elle témoigna le désir d'emmener le corps de sa fille à Cercelle afin de l'avoir plus près d'elle. On fit les démarches nécessaires à ce sujet, et cette dernière satisfaction lui fut donnée. Pendant la nuit et tout le jour suivant on ne put l'éloigner de la chambre mortuaire.

Vers le milieu de la seconde nuit, le cercueil, couvert d'une pièce d'étoffe blanche ornée de couronnes et de guirlandes de fleurs, fut placé sur une voiture entre deux religieuses. On partit. Jeanne suivait à pied le corps de son enfant.

A une demi-lieue de la ville, un homme se dressa tout à coup sur la route et vint se placer, tête découverte, à côté de la pauvre mère. C'était Ambroise qui depuis la veille avait disparu.

Où était-il allé ? Qu'avait-il fait ?

Lui-même n'aurait point su répondre à ces deux questions.

— Jeanne, Jeanne, dit-il d'une voix plaintive, je suis un grand coupable, pourras-tu jamais me pardonner?

— Je t'ai pardonné, Ambroise, le jour où tu es revenu vers moi bon et aimant, le jour où j'ai retrouvé toute ton affection, répondit-elle.

— Oh! merci, merci. La nuit dernière, j'ai voulu mourir...

— Mourir! s'écria Jeanne : non, non, tu dois vivre, il le faut... pour la pleurer avec moi.

Le soleil levant commençait à dorer le paysage lorsqu'on aperçut les premières maisons de Cercelle.

Le curé, qui avait été prévenu, attendait le triste convoi à l'entrée du village. Presque toute la population de Cercelle était accourue, et, silencieuse, se tenait rangée des deux côtés de la route. Une foule de jeunes filles, habillées de blanc, les bras chargés de fleurs, entouraient leur bannière déployée. C'est suivie de tous ceux qui l'avaient connue enfant que Rose Durier fut conduite au modeste cimetière de son village.

Une humble croix de pierre fut plantée sur sa tombe. Elle portait seulement :

ICI REPOSE
LE CORPS DE ROSE DURIER
MORTE A DIX-HUIT ANS
21 MAI 1848

Le lendemain, parmi les fleurs fanées qui jonchaient le sol autour de la croix, un beau lis, nouvellement épanoui, étendait ses racines dans la terre jetée sur le cercueil de Rose Durier. Les amateurs du merveilleux n'hésitèrent pas à croire qu'un miracle s'était accompli sur le tombeau de la jeune fille. Mais la fleur n'excitait pas seule l'étonnement des villageois : au-dessous des deux premières lignes de l'épitaphe, une main inconnue avait gravé, dans la nuit, ces mots : *Le Lis du village.* Et tout le monde lisait :

ICI REPOSE
LE CORPS DE ROSE DURIER
LE LYS DU VILLAGE
Morte à dix-huit ans
21 MAI 1848

Le temps et la pluie ont noirci l'inscription, mais ne l'ont pas effacée, et, chaque année, au mois de mai, la belle fleur refleurit encore.

FIN DU LIS DU VILLAGE

UNE VEUVE

I

Après deux ans de mariage, madame de Gantrey avait eu le malheur de perdre son mari. Riche, jolie et jeune — elle n'avait que vingt ans — ses amis pensèrent que l'année de deuil expirée, elle quitterait ses vêtements noirs et reparaîtrait dans le monde, où l'appelaient sa beauté, sa grâce et les charmes de son esprit. On pensa aussi qu'elle ne tarderait pas à se remarier; car, disait-on, bien qu'elle ait eu pour M. de Gantrey une affection profonde, il est impossible qu'une femme de son âge et de sa condition reste libre longtemps; ce serait se faire remarquer et livrer sa vie à toutes sortes de suppositions malveillantes. Son oncle, M. de Vandoise, colonel de dragons en retraite, était de cet avis.

Cependant, l'année du deuil écoulée, madame de Gantrey, contre toutes les prévisions, non-seulement ne cessa pas de porter des couleurs sombres, mais ne reparut point dans le monde, où elle était si impatiemment attendue, si ardemment désirée.

Ce n'était pas seulement la douleur causée par la perte d'un époux bien-aimé qui retenait madame de Gantrey chez elle, lui faisait fermer ses salons et l'éloignait des plaisirs de son âge : elle avait un fils ; et, le sacrifice qu'elle n'aurait peut-être point fait au souvenir de son mari, elle avait résolu de l'accomplir pour l'enfant, en lui dévouant sa vie tout entière. C'était sans doute présumer beaucoup de ses forces; mais le cœur d'une mère connaît tous les courages et ne recule devant aucun acte d'abnégation et de dévouement.

Quand on eut bien compris que la retraite de madame de Gantrey était sérieuse, la plupart de ses amis l'acceptèrent. Pourtant, ceux qui aspiraient à sa main ne furent point découragés ; ils s'adressèrent au colonel.

Le vieux soldat, qui ne demandait pas mieux que de donner à sa nièce un second mari, se chargea des demandes, les transmit une à une, et plaida la cause de chaque prétendant avec une adresse et une énergie dignes d'un diplomate. Mais il en fut pour ses frais, et ses meilleurs arguments étaient toujours réduits à néant par cette simple réponse :

« Je ne veux pas me marier ! »

Le pauvre colonel eut donc, après chaque demande, la triste mission d'éconduire poliment le demandeur.

Néanmoins, il ne perdit pas complètement courage, et, bien que les prétendants se fussent retirés, il n'en revint pas moins fort souvent sur la question du mariage. Les réponses de la jolie veuve lui causèrent plus d'une fois des irritations violentes ; mais comme, à part son obstination à vouloir marier sa nièce malgré elle, c'était le meilleur homme du monde, après avoir boudé pendant quelques jours, il finissait toujours par se condamner lui-même en avouant qu'il avait tort.

Un jour, madame de Gantrey le vit arriver chez elle avec un air rayonnant qui la surprit.

« Vous me paraissez bien joyeux aujourd'hui, mon oncle ? lui dit-elle.

— Je suis toujours ce que je parais être, ma nièce.

— C'est vrai. Serais-je indiscrète en vous demandant la cause de votre grande joie?

— Nullement. Sachez donc, ma nièce, que je vous ai trouvé un mari. »

Madame de Gantrey laissa glisser sur ses lèvres un malicieux sourire.

« Ce doit être le septième ou le huitième que vous me proposez, dit-elle.

— Le neuvième, ma nièce; mais celui-ci est celui que vous épouserez; il a toutes les qualités, toutes....

— Les autres avaient aussi toutes les qualités, toutes les perfections, interrompit la veuve.

— Ne parlons pas de ceux-là, reprit vivement le colonel, vous ne les aimiez pas.

— Pas plus que je n'aime celui que vous me proposez aujourd'hui.

— C'est ce que nous verrons, quand vous le connaîtrez.

— Je ne désire pas le connaître, mon cher oncle; vous savez bien que...

— Oui, que vous ne voulez pas vous remarier. Parbleu! je sais cette phrase par cœur depuis longtemps; mais voici le moment de la modifier de façon à lui faire exprimer tout le contraire.

— Au fait, nous ne nous sommes pas querellés

depuis un mois, dit froidement madame de Gantrey.

— Je ne veux pas me fâcher, ma nièce, je veux rester calme ; je ne cherche point à vous faire de la peine, mais je désire vivement vous persuader. Ecoutez-moi.

— Oh ! je connais d'avance toutes les excellentes raisons que vous pouvez faire valoir ; mais elles ne seront jamais suffisantes pour me convaincre. Vous me répéterez ce que vous m'avez déjà dit vingt fois. A tout cela, mon oncle, je répondrai : Attachée à mon mari par une affection vive, basée sur l'estime que nous avions mutuellement l'un pour l'autre, ma vie devait s'écouler près de lui, entourée de félicités parfaites ; le ciel ne l'a pas voulu, j'ai pleuré cet ami si cher, je le regrette encore. A-t-on le droit de m'en blâmer ? Je suis heureuse dans ma liberté ; qu'on me la laisse. Vous me parlez d'aimer, est-ce que le cœur d'une mère n'est pas assez rempli quand à côté d'un souvenir se place sa tendresse pour son enfant ? Je n'envie et ne désire rien. Je me suis habituée à l'existence nouvelle que je me suis faite, elle me plaît. Pourquoi y changerais-je quelque chose ? Mon fils, mon fils ! voilà ma vie, mes joies, mon avenir...

— Il grandira, reprit le colonel, un jour l'amour maternel ne lui suffira plus, il cherchera son bonheur loin de sa mère, qui se sera sacrifiée pour lui, et alors...

— Alors je serai vieille, interrompit madame de Gantrey.

— Vieille, seule et oubliée.

— Un fils aime toujours sa mère.

— Oui, si elle a su faire passer en lui une partie de son cœur. »

Le regard de la veuve étincela, et un mystérieux sourire s'arrêta sur ses lèvres.

« C'est égal, reprit M. de Vandoise, je ne suis pas de votre avis, et je persiste quand même à vouloir vous marier.

— En vérité, j'admire votre courage.

— Permettez-moi de vous présenter mon protégé.

— A quel titre, mon oncle?

— Comme votre futur mari, parbleu !

— En ce cas, je vous serai obligée de m'épargner une entrevue qui ne saurait m'être que très-pénible.

— Madame, dit le colonel d'un ton sévèrement comique, ce jeune homme est le fils de mon meilleur ami, et je me suis engagé à lui porter une réponse satisfaisante.

— Le colonel de Vandoise, si prudent d'habitude,

a agi un peu légèrement dans cette occasion, reprit la jeune veuve avec une raillerie affectueuse.

— Accusez mon désir de vous voir heureuse.

— Ce monsieur me connaît donc?

— Il vous a vue plusieurs fois chez la comtesse de Ségusac. C'est un brillant cavalier; vous avez dansé avec lui.

— C'est possible. Comment le nommez-vous?

— Alfred Vernon; c'est le fils du général Vernon, un de mes vieux compagnons d'armes.

— Je connais ce nom, mais j'avoue que je n'ai pas conservé le moindre souvenir du fils de votre ami.

— Alfred a meilleure mémoire que vous, ma nièce, puisqu'il ne vous a pas oubliée.

— Je ne crois pas aux impressions que deux années ne parviennent pas à effacer, reprit la veuve en riant; je ne cherche pas à comprendre le motif qui me fait rechercher aujourd'hui par M. Alfred Vernon. Dites-lui mon oncle, que je ne veux pas me remarier, et qu'une veuve ayant un fils qu'elle aime exclusivement, n'est point ce qui lui convient. Il vous comprendra. »

M. de Vandoise tourmenta sa moustache grise et quitta sa nièce en jurant de ne plus s'occuper de son avenir. Elle ne le revit pas de plusieurs jours;

4

Elle supposa avec raison que le vieux soldat lui gardait rancune, mais elle se consola en faisant cette réflexion : qu'elle n'obtiendrait jamais sa tranquillité qu'en passant par les petites et grandes colères de M. de Vandoise.

II

Un jour, vers deux heures de l'après-midi, au moment de sortir, comme d'habitude, pour promener son fils dans le jardin des Tuileries, madame de Gantrey se trouva subitement indisposée. L'enfant, impatient de partir, le faisait déjà comprendre par des appels fréquents suivis de cris furieux. La mère un peu malgré elle, se décida à le confier à sa bonne en disant :

« Veillez bien sur lui et rentrez de bonne heure. »

La domestique prit l'enfant dans ses bras et sortit, non sans avoir admiré son image qu'une glace de Venise lui avait montrée de la tête aux pieds.

Elle étrennait ce jour-là une robe nouvelle de fort bon goût; son bonnet sans rubans, mais coquet et finement brodé lui allait à ravir; le tablier d'une blancheur éblouissante, complétait le plus joli costume qu'une jeune et gentille soubrette pût rêver. Aussi Augustine s'était-elle trouvée charmante. Elle aurait pu se le dire et se le répéter tout à son aise, mais cette satisfaction lui parut légère; il fallait à sa vanité quelque chose de mieux. S'admirer soi-même, c'est déjà bien, mais ce n'est rien à côté de l'admiration qu'on provoque chez les autres, sans compter les compliments et les regards d'envie qui en sont la suite.

« A qui pourrais-je bien me montrer? se demandait Augustine en regardant à droite, à gauche, d'un petit air superbe. Je n'ai pas de camarades dans ce quartier, continuait-elle, c'est ennuyeux ; je ne cause avec personne, je suis toujours seule. Victoire et Adélaïde, mes deux payses, sont plus heureuses que moi ; elles habitent la même rue et se voient presque chaque jour. Aujourd'hui, en ce moment, elles se promènent ensemble dans la grande allée du Luxembourg. C'est loin d'ici le Luxembourg... c'est égal avec de bonnes jambes.... Si j'y allais? Voilà près de deux mois que je n'ai pas vu Victoire. »

Tout en monologuant, Augustine était arrivée rue de Rivoli, à l'une des entrées du jardin des Tuileries. Elle traversa la promenade sans s'arrêter, gagna la rive gauche de la Seine, et s'enfonça dans le faubourg Saint-Germain par la rue des Saints-Pères.

Le petit garçon qu'elle portait tantôt sur deux bras, tantôt sur un seul, paraissait très-satisfait de son voyage à travers Paris : il riait, regardait, s'étonnait et jasait comme une nichée de chardonnerets dans une chènevière.

Augustine trouva ses deux amies en train de babiller, assises sur un banc de pierre.

« Tiens, c'est toi, Augustine?

— Oui, c'est moi.

— Nous avons parlé de toi, hier.

— Et moi je pensais à vous, puisque me voilà.

— C'est vrai. Que tu as donc bien fait de venir de ce côté!

— Gaston, vous allez jouer avec les petits garçon, dit Augustine en montrant au fils de madame de Gantrey, les deux enfants confiés aux soins et à la surveillance de ses camarades. Soyez bien sage, ajouta-t-elle.

Gaston regarda de travers les deux enfants et s'en alla, à dix pas d'eux, se rouler dans la poussière à l'ombre d'un marronnier.

« Quel joli bonnet! dit Victoire.

— La belle robe! reprit Adelaïde.

— Vous trouvez? fit Augustine rougissant de plaisir.

— Tu es tout à fait bien.

— Charmante, vraiment ! »

Tout en se promenant dans l'avenue de l'Observatoire, les trois amies parlèrent du pays, des beaux jours d'autrefois, des papas, des mamans, des cousins, des cousines, de celui-ci, de celles-là. Elles dirent du bien de quelques-uns, en déchirèrent beaucoup d'autres à belles dents. L'une était laide et s'arrangeait mal ; l'autre une sotte qui ne trouverait jamais un mari. Monsieur un tel était avare, madame une telle une gourmande, etc. Et chacune racontait son histoire qui les faisait rire aux larmes toutes trois. La médisance allait son train et voyageait, voyageait, ailes déployées. Les heures se passaient. Chaque fois que leurs pas les rapprochaient de l'endroit où jouaient les petits garçons, l'une d'elles jetait un coup d'œil distrait sous les arbres et n'avait pas plutôt reconnu un des enfants, qu'elle tranquillisait ses compagnes en disant :

« Ils sont là ! »

Elles s'oublièrent si bien, que la nuit commençait à venir lorsqu'elles songèrent à se séparer.

« Où sont les enfants ?

— Là, près de cette statue.

— Mais Gaston ! je ne vois pas Gaston ! » s'écria Augustine.

4.

L'enfant avait, en effet, disparu.

« Où est-il, mon Dieu? Gaston ! Gaston ! » appela la bonne devenue très-pâle.

Quelques promeneurs se retournèrent, puis s'éloignèrent sans rien dire.

On questionna les deux enfants, ils ne comprirent même pas ce qu'on voulait leur dire.

Augustine quitta ses compagnes pour se mettre à la recherche de Gaston ; ses cheveux, mouillés par une sueur froide, se collaient sur ses tempes. La nuit tomba tout à fait ; on ne voyait plus que de rares promeneurs, silencieux, dans les allées sombres. Augustine sortit, en pleurant, du Luxembourg, où elle avait en vain cherché l'enfant.

La crainte de recevoir des reproches qu'elle avait mérités lui fit commettre une nouvelle faute : elle n'osa pas retourner chez sa maîtresse, qui, depuis longtemps, comptait avec anxiété chaque minute qui s'écoulait sans qu'elle vît revenir son enfant.

Le soir, madame de Gantrey, oubliant ses souffrances, envoya chercher une voiture et se fit conduire au jardin des Tuileries, où elle supposait que la jeune fille avait mené l'enfant. Elle le parcourut dans tous les sens, en proie à une agitation fébrile. Elle revint chez elle désespérée, presque folle, donna l'ordre d'aller chercher M. de Vandoise, et s'affaissa sur un fauteuil en éclatant en sanglots.

Le colonel, instruit par le domestique que lui avait dépêché sa nièce, arriva avec une figure blême, toute décomposée; jamais il n'avait mordu et tortillé son épaisse moustache avec une aussi belle rage.

Madame de Gantrey lui fit part de toutes ses angoisses.

« Que faire, mon oncle, que faire?... Ah! si mon fils est mort, je ne lui survivrai pas! »

Le colonel se donna le temps de réfléchir. Il sentait combien les craintes de la jeune mère étaient sérieuses, légitimes, il les partageait; cependant, il ne voulait pas la désespérer complétement en le lui laissant voir.

« Augustine n'a pas reparu, dit-il, donc elle est avec l'enfant. Qui sait? Peut-être s'est-elle trouvée malade subitement.

— Quelqu'un, en venant m'avertir, m'aurait ramené mon fils, » reprit madame de Gantrey.

Le vieil officier saisit l'extrémité de sa moustache entre le pouce et l'index, et la tira violemment.

« C'est juste, fit-il; d'ailleurs, nous ne pouvons établir que des conjectures. Si un accident grave était arrivé à votre enfant, vous en seriez déjà instruite; cela, il me semble, doit vous tranquilliser.

— Que dites-vous, mon oncle? me tranquilliser! Vous ne voyez donc pas qu'une seule minute me fait souffrir toutes les douleurs que le cœur d'une mère peut connaître. Je veux bien croire que la vie de mon enfant ne court aucun danger; cette croyance me laisse au moins un espoir; mais l'incertitude dans laquelle je suis n'est-elle pas bien affreuse? Le monde fourmille de gens méchants et malintentionnés. Si on m'avait volé mon fils?... »

Le colonel eut froid par tout le corps.

« Dans Paris, en plein jour... Quelle idée! dit-il.

— Admettez-vous que cela soit possible?

— Non, non, non!

— Vous avez donc oublié le procès qui fit tant de bruit en France il y a quelques années?

— Non, mais...

— C'était un enfant de l'âge de Gaston; une misérable femme, poussée par une pensée de cupidité, l'avait volé à sa mère, dans Paris, en plein jour.

— Je sais, je sais, » dit M. de Vandoise, qui ne trouvait plus rien à répliquer.

III

Comme tous les enfants, Gaston était capricieux ; peut-être même un peu plus que les autres, grâce à la façon dont sa mère l'élevait, madame de Gantrey n'ayant jamais su résister à aucun de ses jeunes désirs. Il avait dédaigné la société des deux enfants avec lesquels sa bonne lui disait de jouer, et, au bout d'un instant, s'était mêlé à d'autres qui s'ébattaient joyeusement à quelque distance.

C'étaient des enfants d'ouvriers, gardés par eux-mêmes, et habitués, sans doute, à sortir et à rentrer seuls. Ils accueillirent Gaston comme un frère, et fêtèrent sa bienvenue avec des cris, des danses et de nombreuses culbutes. Gaston, enchanté, fit comme eux, et s'en donna à cœur joie.

Le moment de rentrer à la maison arrivé, les plus âgés entraînèrent les plus jeunes, et Gaston les suivit. On sortit du Luxembourg par la rue de Fleurus, et, dans la rue de Vaugirard, la bande joyeuse s'éparpilla et disparut tout à coup dans les allées de quatre ou cinq maisons.

Beaucoup plus surpris qu'effrayé, Gaston attendit

d'abord assez patiemment ; mais bientôt, ne voyant reparaître aucun des enfants, il regarda autour de lui avec effroi, et se mit à jeter des cris désespérés.

Les passants s'arrêtèrent, se groupèrent autour de lui, et l'accablèrent de questions auxquelles il ne répondait qu'en criant plus fort. Tant de figures inconnues l'épouvantaient au lieu de le rassurer.

« C'est un enfant perdu, dirent quelques voix.

— Pauvre petit ! il faut le reconduire chez ses parents.

— C'est difficile, il ne sait pas dire où il demeure.

— Alors, menons-le chez le commissaire de police.

Ce conseil allait être mis à exécution, lorsqu'un jeune homme élégamment vêtu s'approcha de l'enfant, et déclara qu'il se chargeait d'en prendre soin jusqu'à ce qu'il fût réclamé par sa famille.

En voyant l'individu s'avancer vers lui, Gaston l'avait examiné avec défiance ; puis, soit que le visage sympathique de son protecteur l'eût complétement rassuré, ou qu'il jugeât inutile de se désoler plus longtemps, ses traits s'éclaircirent et ses yeux se séchèrent comme par enchantement. Le jeune homme le prit dans ses bras et s'éloigna pendant que les spectateurs applaudissaient.

Arrivé chez lui, l'inconnu donna l'ordre de servir son dîner. La présence de l'enfant fut une occasion pour charger la table de pâtisseries, de fruits superbes et de sucreries exquises. La faim, et, sans aucun doute, la gourmandise, chassèrent ce que Gaston gardait encore de timidité ; ses yeux pétillèrent, et, sans plus se gêner que s'il eût été près de sa mère, ses petites mains désignèrent les diverses choses qu'il voulait manger ; il suça quelques fruits, mordit aux gâteaux, et croqua sans façon une douzaine de bonbons. On aurait pu croire que pour ces friandises l'ingrat avait oublié sa mère. Cela n'était pas : Gaston avait déjà du cœur. Bientôt il cessa de rire et de babiller, deux grosses larmes roulèrent dans ses yeux, et, saisissant la main de son hôte inconnu :

« Allons chez maman, dit-il.

— Nous allons y aller, mon petit ami, » répondit le jeune homme en faisant asseoir l'enfant sur ses genoux.

Et, tout en caressant de la main les boucles de ses cheveux :

« Comment s'appelle ta maman ? lui demanda-t-il.

— Maman ? elle s'appelle maman, » répondit le petit bonhomme.

Cette réponse naïve fit sourire l'inconnu.

« Et toi, comment t'appelles-tu ?

— Gaston.

— Et puis ? N'as-tu pas encore un autre nom ? »

L'enfant remua négativement la tête.

« Voyons, mon petit Gaston, tu dois savoir le nom de ton papa ?

— Je n'ai pas de papa, » fit l'enfant, qui se prit aussitôt à pleurer.

Il venait de se rappeler que sa mère ne lui parlait jamais de son père sans verser des larmes, et ce souvenir faisait couler les siennes.

Cette sensibilité extrême chez un enfant si jeune étonna et émut le jeune homme. Il embrassa Gaston affectueusement.

« Pauvre petit, pensa-t-il, son père est mort sans doute, et il ne l'a point oublié. »

Au bout d'un instant il reprit :

« Où demeure ta maman, mon ami ?

— Là bas, répondit l'enfant en levant son bras mignon.

— Sais-tu dans quelle rue ?

— Non, » fit Gaston.

Et ses grands yeux intelligents regardèrent tristement la figure de l'inconnu. Celui-ci continua :

« Tout à l'heure, quand je t'ai rencontré, tu sais? tu étais seul, tu pleurais, d'où venais-tu ?

— Du jardin.

— Le jardin de ta maman ?

— Non.

— Tu venais de jouer ?

— Oui, avec les petits garçons.

— Tu étais avec ta maman ?

— Non, avec Titine.

— Sa bonne, pensa le jeune homme. Et Titine, où est-elle? reprit-il.

— Je ne sais pas.

— Elle n'est donc pas restée toujours près de toi ?

— Non. »

Ces réponses, quoique très-vagues, permirent au jeune homme de deviner, à peu près, comment l'enfant s'était perdu.

« Le questionner plus longtemps, se dit-il, serait le fatiguer inutilement ; je n'apprendrai rien par lui de ce qu'il faut que je sache pour le ramener à sa mère. Pauvre femme! comme elle doit souffrir en ce moment !... Et ne pas pouvoir aller lui dire : Ne pleurez plus, madame, voici votre fils. Aussi je blâme les parents qui n'ont pas la précaution d'apprendre à leurs enfants, dès qu'ils commencent à bégayer quelques mots, le nom de la rue et le numéro de la maison qu'ils habitent. Voilà un enfant qui est certainement fort intelligent; comment expliquer son ignorance à ce sujet? J'en ai vu, des enfants d'ouvriers, âgés de moins de trois ans, qui savaient cela parfaitement. Mais la famille de celui-ci est riche — tout en lui l'indique — on lui a donné une gouvernante pour le promener et l'accompagner partout, et, plein de confiance, on a négligé de lui apprendre ce qui pourrait en ce moment lui être si utile. Maintenant, que dois-je faire? Attendre. Sa mère fera des recherches et se servira sûrement, de la grande publicité des journaux. Demain, je les lirai tous. »

Voyant qu'on ne s'occupait plus de lui, Gaston trouva sa position, sur les genoux du jeune homme, moins agréable. Il se débarrassa du bras qui l'entourait, glissa sur le parquet, puis, s'accrochant à l'habit de l'inconnu :

« Allons chez maman, lui dit-il.

— Nous irons, mon ami, demain, si tu es sage et si tu dors bien. »

Mais Gaston n'avait pas entendu passer la nuit dans une maison inconnue, ni coucher dans un lit qui n'était pas le sien. Quand on voulut le dévêtir, il se débattit, cria ; ni raisonnements, ni promesses, ni prières, ne purent le calmer ; il ne cessa toute résistance que lorsqu'il eût épuisé ses forces.

Le sommeil ne tarda pas à fermer ses yeux, et il dormit tranquille jusqu'au matin.

En se réveillant il regarda autour de lui comme surpris de ne point voir sa mère à son chevet. Pendant la nuit, des rêves bleus et roses avaient sans doute chassé de son souvenir ce qui lui était arrivé la veille. Mais en voyant autour de lui des objets que ses yeux n'étaient pas habitués à regarder, la mémoire lui revint. Pauvre Gaston ! lui toujours si joyeux, si rieur le matin dans les bras de sa mère, pour la première fois, peut-être, son réveil est suivi de larmes... On le consola, néanmoins, en lui promettant de le conduire chez lui dans la journée. D'ailleurs, enhardi par les douces paroles et les caresses de l'inconnu, il s'empara de lui sans façon, et le força à partager ses jeux. Une partie de la journée s'écoula donc sans ennui pour Gaston ; il appelait son protecteur : *Mon ami, mon bon ami*, et le tutoyait ainsi qu'une vieille connaissance.

Vers quatre heures, le jeune homme fit prendre les journaux du soir.

Le premier qu'il ouvrit lui donna ce qu'il cherchait à l'article : *Nouvelles diverses.*

« L'enfant porte le nom de Gaston, » disait l'avis rédigé par M. de Vandoise, puis venait son signalement; enfin, ces mots terminaient : « Les personnes qui pourraient fournir quelques renseignements sur cet enfant, sont instamment priées de vouloir bien les communiquer, sans retard, à sa mère, madame de Gantrey, rue Caumartin, n° 5. »

« Madame de Gantrey ! » s'écria tout à coup le jeune homme.

Ce nom frappa l'oreille de l'enfant qui jouait avec des soldats de carton à l'autre bout du salon; il se leva aussitôt, le regard brillant, et s'élança vers la porte en disant :

« Maman, maman !

— Nous allons la voir, mon ami, » reprit le jeune homme revenu de sa surprise et tout joyeux.

Quand l'inconnu, portant l'enfant, se présenta chez madame de Gantrey, les domestiques ne songèrent point à lui demander son nom pour l'annoncer; toutes les portes s'ouvrirent devant lui, jusqu'à celle de la chambre où se tenait la jeune mère.

Madame de Gontrey poussa une exclamation de joie, bondit vers son fils, le pressa fièvreusement sur son cœur, et, pendant quelques secondes on n'entendit plus qu'un bruit de baisers.

La jeune femme avait à peine entrevu celui qui lui ramenait son enfant ; mais la première émotion passée, quand son regard s'arrêta sur l'étranger, elle devint rouge et s'approcha de lui toute confuse.

« Pardonnez-moi, monsieur, balbutia-t-elle ; je vous dois beaucoup, mais la joie, le bonheur... je ne songeais pas à vous remercier.

— Je suis trop heureux moi-même de votre joie, madame, répondit le jeune homme, pour avoir remarqué autre chose.

— Vous comprenez, n'est-ce pas ? combien j'ai dû souffrir depuis hier, reprit madame de Gantrey en faisant signe au jeune homme de s'asseoir. C'est vous dire que je ressens vivement le bonheur que je vous dois en ce moment, et vous assurer que ma reconnaissance durera toujours. Maintenant, monsieur, puis-je vous demander comment vous avez retrouvé mon enfant ? »

Le jeune homme lui fit le récit détaillé de tout ce qui s'était passé entre lui et Gaston, depuis qu'il l'avait rencontré dans la rue, jusqu'au moment où un journal lui avait donné le nom de madame de Gantrey.

Pendant ce récit, la jeune femme interrompit plus

d'une fois le conteur, pour le remercier vivement des soins qu'il avait donnés à son fils.

En achevant, le jeune homme se leva pour se retirer. Mais Gaston, qui comprit son intention, se plaça devant lui en disant :

« Je ne veux pas qu'il me quitte, mon bon ami. »

Puis s'adressant à sa mère :

« N'est-ce pas, maman, que mon bon ami restera toujours avec nous? »

Le jeune homme ne put s'empêcher de sourire.

La jeune veuve, un peu embarrassée et rougissante, répondit :

« Monsieur a ses occupations, mon ami, nous ne pouvons exiger qu'il les néglige pour nous ; mais il voudra bien venir nous voir souvent, quelquefois...

— Je n'y manquerai pas, madame, reprit le jeune homme d'une voix légèrement émue. D'ailleurs, il me semble que je ne pourrais plus vivre, si de temps en temps je ne revoyais votre charmant enfant. »

Ce compliment, flatteur pour le cœur d'une mère, valut au jeune homme un sourire et un regard affectueux.

« Et, continua-t-il, si le désir qu'il vient de manifester... »

Il n'eut pas le temps d'achever ; la porte s'ouvrit

avec bruit, et le colonel de Vandoise se précipita dans le petit salon.

« Il est donc retrouvé ! s'écria-t-il. Je le savais bien, moi, qu'on le ramènerait. Maintenant, ma nièce, vous m'écouterez mieux, je l'espère ; vous me croirez un peu plus, et cesserez peut-être de me donner toujours tort. »

Il fit un demi-tour et se trouva en face de l'étranger.

« Vous ici ? fit-il stupéfait.

— C'est monsieur qui a recueilli Gaston chez lui et qui vient de me le ramener, dit madame de Gantrey.

— Lui, lui ?... Mille bombes ! exclama le colonel en riant ; on a raison de dire que le hasard est un grand maître ; les anciens, qui en ont fait un dieu, n'étaient pas des sots. Ah ! ma nièce, continua-t-il, vous ne vouliez pas le voir... cependant... Que dites-vous de cela ? »

Et il se reprit à rire bruyamment.

Madame de Gantrey ne comprenant rien à la joie étrange du colonel, se tourna vers le jeune homme comme pour l'interroger.

« Je me nomme Alfred Vernon, lui dit-il.

— Le fils de mon vieil ami le général Vernon, » ajouta M. de Vandoise.

M. Vernon fut retenu à dîner; il ne quitta la maison de madame de Gantrey que fort tard dans la soirée.

Pendant un mois, ses amis le virent à peine; il allait très-souvent rue Caumartin, et bientôt fut célébré le mariage de madame de Gantrey avec M. Alfred Vernon.

LE PÈRE BISCUIT

I

Il avait au moins soixante-dix ans, le père Biscuit. D'ailleurs, personne n'aurait pu dire son âge exactement ; car, depuis vingt ou vingt-cinq ans, on le voyait toujours le même, sans une ride de plus, sans un cheveu de moins. Il était grand, et il se tenait, en marchant, roide et droit comme un I. Il avait de longues jambes, sèches comme une quenouille, mais capables de faire dix bonnes lieues sans crier *merci* ; ses bras, à l'avenant de ses jambes, se terminaient par des mains très-larges qui n'avaient plus, sur les os et les nerfs, qu'une peau froissée comme un vieux parchemin. Son grand nez s'avançait désagréablement sur sa bouche et semblait vouloir, à chaque instant, donner l'accolade à son menton. Ses joues étaient représentées par deux angles. Partout, sous sa peau jaune et tannée, il n'y avait plus apparence de chair. En revanche, le père Biscuit avait une magnifique chevelure d'un blanc de neige, des yeux toujours brillants et un sourire tout à fait agréable. On aimait à le voir, tout laid qu'il était, à causer avec lui. Sa conversation ne manquait pas d'attraits; il avait beaucoup voyagé dans sa jeunesse. Il avait fait plusieurs fois le tour du monde, car il avait servi pendant quinze ans dans la marine française. Parti simple soldat d'infanterie, il était parvenu au grade de sergent, quand une blessure grave lui fit donner sa retraite. Sa mémoire était pleine de récits intéressants et d'anecdotes curieuses. Et puis il avait une façon de raconter qui plaisait infiniment. Il savait faire naître l'émotion des choses les plus simples. Il trouvait toujours le moyen de faire rire et pleurer ceux qui l'écoutaient. Il avait de l'esprit, il tâchait de le montrer, et, vanité bien excusable chez un vieillard, il aimait à se faire admirer.

Pendant toute l'année, hiver comme été, le père Biscuit portait le même vêtement : une culotte de gros drap marron, boutonnée au-dessus des mollets sur des bas de laine bleue ; un long gilet à raies blanches et rouges, et une veste de droguet vert à larges basques. Il se coiffait d'un bonnet de soie noire, le même pendant plusieurs mois, sur lequel il plaçait un vieux chapeau de paille, les jours de beau soleil. De gros sabots, taillés dans un tronc de frêne et rougis au feu, chaussaient ses pieds.

Le père Biscuit n'était pas riche. On le classait pourtant parmi les rentiers de Rangecourt, et cela parce qu'il possédait un viager de deux cent cinquante francs. Il était aussi propriétaire, propriétaire d'une maisonnette à l'extrémité du village, et d'un jardin de quelques centaines de mètres carrés. Quoique petit, le jardin du père Biscuit suffisait à son propriétaire. Il y récoltait peu de fruits, et il trouvait encore le moyen de donner les plus beaux à ses voisins. Il cultivait lui-même son potager ; il y semait des oignons, des carottes, de la salade et des navets ; il y plantait des haricots et des choux. On y voyait un carré d'oseille, un autre d'épinards, et, dans un coin, du cerfeuil et du persil. Le père Biscuit avait sous la main des herbes pour faire sa soupe. Il préparait lui-même ses repas, le pauvre rentier, car il ne pouvait vraiment pas se donner le luxe d'une gouvernante.

Une fois par semaine, le samedi, il n'avait pas à s'occuper de cuisine. Ce jour-là, il dînait et soupait en ville, chez M. Durandeau, son ami, vieux garçon comme lui, et, comme lui encore, rentier et propriétaire, mais avec une différence, toutefois; M. Durandeau avait sur le grand livre une inscription de rente de dix mille francs, et l'on estimait à trois cent mille francs la valeur de ses propriétés foncières : fermes, bois, vignes et prairies.

M. Durandeau passait pour le plus honnête homme de tout le pays ; il jouissait de l'estime et de la considération de tout le monde. Du reste, l'excellente renommée qu'il avait acquise était parfaitement méritée, et jamais il ne laissait passer l'occasion de la justifier. Jamais homme ne fut plus heureux que lui de répandre ses bienfaits; aussi s'adressait-on à sa générosité avec confiance. Souvent il n'attendait pas qu'on vînt réclamer ses services, il allait au-devant des honteux et les offrait lui-même. Quoique M. Durandeau fût plus jeune que le père Biscuit, celui-ci avait pour son jeune camarade une sorte de vénération.

L'hiver, les bois de M. Durandeau chauffaient les pauvres ; l'été, le blé de ses champs, les légumes et es fruits de ses jardins les nourrissaient. Quand un habitant du village prononçait son nom, il y avait toujours dans sa voix quelque chose de reconnaissant et de respectueux.

M. Durandeau avait-il besoin de quelqu'un pour aider ses domestiques dans l'intérieur de sa maison, vingt bras s'offraient aussitôt. Et l'on se mettait à sa disposition pour le plaisir seul de lui être agréable.

A toutes ses qualités, M. Durandeau joignait une grande piété. Il puisait dans sa foi la charité dont il donnait continuellement des exemples si touchants.

On ne l'entendait jamais se plaindre de personne; il ne savait pas adresser un reproche; il se permettait seulement de donner quelques conseils, et encore fallait-il qu'on parût désirer les recevoir.

Fidèle observateur de tous ses devoirs, M. Durandeau indiquait à tous la bonne voie à suivre. Il disait quelquefois avec son doux sourire :

— Mon chemin est tout tracé : c'est celui qui conduit vers le bon Dieu.

A l'exception du dimanche, il sortait rarement de sa maison ; il n'était pas misanthrope, pourtant; il aimait, au contraire, à recevoir des visites, à s'entourer de visages gais, à causer.

Les plus assidus auprès de lui étaient le curé du village, un vieillard aussi, et le père Biscuit.

Depuis plus de vingt-cinq ans, le père Biscuit n'avait pas manqué une seule fois de passer la journée du samedi avec son ami Durandeau, ce qui ne l'empêchait pas, les autres jours de la semaine, d'aller, le soir, faire sa partie d'échecs.

C'était le seul jeu qu'aimât M. Durandeau.

Cette grande amitié avait plus d'un jaloux parmi ceux qui auraient voulu être reçus chez M. Durandeau. D'un autre côté, ses parents et futurs héritiers voyaient avec un certain déplaisir l'intimité des deux vieillards. Ils savaient que le père Biscuit avait toute la confiance de leur riche parent, et ils craignaient que le bonhomme ne parlât contre leurs intérêts.

Nuire sciemment à quelqu'un était bien loin de la pensée du père Biscuit; mais, comme il avait deviné depuis longtemps les idées des héritiers de son ami, il ne pouvait s'empêcher de froncer les sourcils chaque fois que ces derniers le flattaient par des paroles doucereuses ou des manières trop aimables.

M. Durandeau savait très-bien aussi ce qui se passait dans le cœur de ses neveux; il en riait souvent, et le malin vieillard affectait encore de traiter le père Biscuit avec plus de familiarité.

— Mes héritiers, pensait-il, sont des maladroits; ils sont capables de me faire songer à les déshériter.

Malgré la jalousie des uns, la contrariété des autres, le père Biscuit était si inoffensif, il faisait si peu de bruit dans le village, qu'il n'y comptait pas un seul ennemi. Il y avait même des gens qui l'aimaient sincèrement. Il ne pouvait pas sortir de sa maison sans être aussitôt entouré par des enfants. Le vieillard aimait les têtes blondes, les joues fraîches et vermeilles ; cela lui rappelait sa jeunesse. Il embrassait celui-ci, donnait une petite tape à celui-là, riait ou jouait avec tous, et s'amusait beaucoup de toutes leurs espiègleries. Les grandes poches de sa veste étaient toujours pleines de biscuits qu'il distribuait à sa petite famille ; — c'est ainsi qu'il appelait les enfants du village. — Quand il ne restait plus que les miettes, il s'en allait, le long d'une haie, les jeter aux petits oiseaux.

Voilà pourquoi on l'avait surnommé le père Biscuit. Les enfants ne l'appelaient jamais autrement ; ils ignoraient même son véritable nom.

II

On était à la fin d'avril. M. Durandeau donnait un repas à toute sa famille à l'occasion de sa fête. Saint Georges était son patron.

Petits-neveux, petites-nièces, cousins et cousines, lui souhaitaient une longue vie et toutes sortes de joies.

Chacun avait apporté son bouquet; une table, au milieu du salon, était chargée de fleurs; c'était un mélange de couleurs fort bizarre. Il y avait un bouquet de primevères cueilli dans le bois voisin, un autre composé de jacinthes mêlées à des narcisses; un neveu avait offert une branche d'aubépine unie à une branche d'ébénier; un second avait apporté une brassée de seringa; un troisième, quelques rameaux fleuris pris à un cerisier. Une petite-nièce avait présenté un bouquet de violettes, et une autre des renoncules des prés. Je ne parle ici que des plus jolis bouquets; cela doit donner une idée de la richesse et du choix des autres. Il est vrai qu'à la campagne, où les fleurs ne poussent que si le vent les sème, elles sont assez rares au mois d'avril.

Cela n'empêcha point M. Durandeau de rire de tout son cœur en voyant le superbe assemblage de bouquets qu'il devait à la tendresse de ses héritiers.

Il eut pourtant un moment de véritable satisfaction, quand la plus jeune de ses nièces lui présenta, d'une main, une simple pensée, et de l'autre, des pantoufles admirablement travaillées.

— Je suis bien heureux de ton présent, ma mignonne, dit-il à l'enfant ; je ne te connaissais pas ce joli talent.

— C'est pour vous que j'ai voulu apprendre à faire de la tapisserie, mon parrain, répondit-elle naïvement.

— Vraiment! fit M. Durandeau.

Et il embrassa la jeune fille.

— Je suis sûr que celle-ci a du cœur, pensait-il. Cela me fait du bien.

Derrière lui, les autres parents grimaçaient en essayant de sourire.

Le père Biscuit observait.

Le repas fut assez gai. Les héritiers échangeaient bien quelques paroles aigres-douces ; mais, d'un mot, le grand-parent savait leur imposer silence. La crainte de lui déplaire fit qu'on mordit ses lèvres plus d'une fois et qu'on s'efforça de paraître aimable. On but souvent à la santé du vieillard.

— Puissions-nous être encore tous réunis ici dans vingt ans! disaient les héritiers.

— Voilà des paroles bien menteuses, pensait M. Durandeau.

On lui trouvait toujours bonne figure. On lui faisait remarquer qu'il mangeait avec appétit et qu'il vidait son verre de vin de Bourgogne aussi bien que le plus robuste vigneron. Au lieu de vieillir, il rajeunissait. Sa santé n'avait jamais été meilleure. Un neveu affirma que son oncle passerait la centaine.

Le vieillard laissait dire. Il écoutait en souriant ces compliments et ne répondait rien.

Sur la fin du dîner, on appela M. Durandeau pour recevoir un de ses fermiers qui venait régler un compte.

Les héritiers ne se gênèrent plus pour parler ; ils sortirent de la réserve que la présence du vieillard leur imposait.

On avait bu un peu plus que d'ordinaire afin de faire honneur à la cave de M. Durandeau ; les têtes étaient échauffées et sur les lèvres venaient certains mots qu'on se serait bien gardé de laisser échapper dans un autre moment.

Les parents étaient jaloux et se défiaient les uns des autres ; une approbation de M. Durandeau suffisait pour attirer, sur celui qui en était l'objet, la haine de la famille entière. Il y avait entre eux beaucoup de vieilles rancunes endormies ; l'occasion était admirable pour les réveiller. On commença par lancer, à tort et à travers, de ces coups d'épingles qui font toujours une plaie.

Il y eut des allusions blessantes, d'abord avec des sous-entendus qui irritent ; puis on en vint à se dire très-crûment les plus dures vérités.

Les femmes qui, au commencement, avaient cherché à apaiser les querelles et à remettre le calme dans les esprits, oublièrent que leurs premières vertus sont la bonté et la douceur, et se mirent de la partie.

— Oh! on sait bien ce que vous valez, s'écria l'une ; c'est en disant du mal de nous à notre oncle, que vous obtenez de lui tout ce que vous voulez.

— On connaît tes affaires, ma belle, répondit une autre femme ; on sait que sans notre oncle, qui donne tout aux uns et rien aux autres, tu n'aurais pas une croûte à te mettre sous la dent.

— Dans tous les cas, si notre oncle nous donne quelque chose, ce n'est pas pour mettre sur mon dos une robe de soixante francs, quand mes enfants n'ont pas de chemises.

— Tu dis?...

— J'ajoute que tu aimes les longs repas, les mets délicats, et qu'à toi seule, tu manges dans une journée ce qui suffirait à d'autres pour une semaine.

— Prends garde ! Si tu ne te tais pas...

— Je n'ai pas peur, va, ma chérie, et je t'en donnerai des preuves quand tu voudras.

Peu à peu, les voix s'étaient élevées au plus haut diapason.

Les femmes, qui s'excitaient en entendant leurs maris, criaient plus fort que les hommes.

Un neveu disait à un autre :

— Notre oncle te donne sans cesse de l'argent ; tu dis que c'est pour faire fortune, on ne le voit guère. Tu manges cet argent on ne sait ni où ni comment.

— Et toi, répondait celui-ci, tu fais continuellement des dettes de jeu, et c'est l'oncle qui paye. C'est encore l'oncle qui fait biffer, sur les livres des cabarets, les notes énormes de ton frère.

— Si j'ai des comptes au cabaret, cela ne te regarde pas, entends-tu? répliqua le troisième neveu.

— Soit ; mais tu ne saurais les payer sans la bourse de notre oncle, car tu es complétement ruiné.

— Si je suis ruiné, tu y as bien contribué pour ta part !

— Moi?

— Oui, toi, espèce de maquignon ; tu m'as vendu un cheval l'année dernière, un cheval malade qui est mort quatre jours après.

— Est-ce ma faute?

— Oui, car tu savais que la bête ne valait rien ; tu m'as volé !

— Ne répète pas ce mot-là !...

— Je répète que tu m'as volé, et bien d'autres avec moi.

— Tu en as menti! s'écria le maquignon exaspéré.

Il leva la main sur son antagoniste et le frappa au visage. Ce fut comme un signal. Les hommes se ruèrent les uns sur les autres avec des cris de fous. Les femmes s'élancèrent pour les séparer ou prendre parti pour ou contre. Les jeunes filles et les enfants s'enfuirent en pleurant.

A plusieurs reprises, le père Biscuit avait voulu remplacer son ami et rétablir la bonne harmonie; mais sa voix s'était constamment perdue dans le tumulte.

La salle à manger, ordinairement si silencieuse, devint le théâtre d'une lutte de véritables forcenés. Rien ne put les arrêter. C'était horrible à voir et à entendre.

De sa vie le père Biscuit n'avait assisté à pareille scène. Sa voix s'était enrouée à parler ou plutôt à crier en vain. Il croyait assister à un combat de bêtes féroces. Il était épouvanté, indigné de ce scandale inouï; ses cheveux étaient hérissés sur sa tête, il suffoquait.

Les chaises furent renversées, des bouteilles, des assiettes, des verres étaient brisés. On vit voler en l'air des lambeaux de vêtements. Sur plus d'un visage, les ongles avaient laissé des traces. Le sang coulait.

Au moment où la crise était dans son paroxysme, M. Durandeau revint. Une telle conduite le révolta, le mit hors de lui. Ses joues s'empourprèrent d'indignation et de colère. Des éclairs jaillirent de ses yeux.

— Misérables! cria-t-il de sa plus forte voix.

Ce seul mot tomba comme la foudre au milieu des héritiers, ou comme le *Quos ego* de Neptune au milieu des flots mutinés. Les plus acharnés restèrent immobiles, comme pétrifiés. Le silence se fit tout à coup.

— A qui donc ai-je ouvert aujourd'hui la porte de ma maison? reprit M. Durandeau en foudroyant du regard ses indignes parents; est-ce à des hommes ou à une race de cannibales? Quoi! on ne respecte même plus ma personne? Me croit-on déjà mort? Ce qui vient de se passer ici n'arrivera plus, je vous le jure, car aucun de vous ne franchira plus désormais le seuil de ma maison. Je ne vous connais plus, vous êtes des étrangers pour moi. Maintenant sortez, sortez tous, je vous chasse...

On entendit quelques voix demander grâce.

Mais M. Durandeau ouvrait à deux battants la

porte de la salle, et, accompagnant ses paroles d'un geste impératif :

— Sortez, sortez vite, répéta-t-il d'une voix tremblante de colère.

Les futurs héritiers comprirent qu'il était inutile, pour le moment, de chercher à obtenir leur pardon. Ce qu'ils pouvaient faire de mieux, c'était d'obéir. Ils se retirèrent.

La grande colère de M. Durandeau se calma presque aussitôt. La force qu'il avait puisée dans son indignation s'éteignit aussi. Il poussa un profond soupir et se laissa tomber sur un siége.

— Quelle famille, mon Dieu ! murmura-t-il.

Le père Biscuit s'approcha de lui. Leurs mains s'unirent dans une forte pression.

— Georges, il ne faut pas prendre ce qui vient de se passer trop au sérieux, dit le père Biscuit. Ils étaient fous, ils ne savaient plus ce qu'ils faisaient. Demain ils auront des regrets amers.

— Ne les excuse pas, mon vieux camarade; je les connais maintenant, ils ne valent rien. Je leur ai fait du bien à tous, jamais ma bourse n'a été fermée pour eux ; mais cela ne les a pas touchés : ils ont hâte d'être les maîtres de ma fortune; ils trouvent, certainement, que je vis trop longtemps. Oh ! cette pensée me fait mal !... Ils se jalousent l'un l'autre; ils ont peur que je fasse pour celui-ci plus que pour celui-là. Voilà ce qui les divise, voilà ce qui les rend haineux et méchants. Ils voudraient me voir mort afin de se précipiter sur ma dépouille, comme une bande de chiens affamés sur des os qu'on leur jette. Et ce sont les enfants de mon frère, les enfants de mes pauvres sœurs? Ma fortune, ma fortune! continua-t-il avec amertume, ils ne l'auront pas, mon parti est pris. Je ne veux pas que tous ces gens avides et sans cœur s'entre-déchirent au bord de ma tombe. Non, je ne donnerai pas à Rangecourt ce spectacle hideux. Qu'en feraient-ils, après tout, de ces biens que j'ai amassés par un travail de quarante ans? Sauraient-ils en faire un noble usage? Non, mille fois non. Ils deviendraient orgueilleux, hautains, vaniteux; ils le sont déjà trop... Ils sont méchants, ils deviendraient cruels. Ils sont nés pauvres, pourquoi les ferais-je sortir de leur médiocrité? Non, non, je ne leur donnerai pas les moyens de se livrer à leurs mauvais instincts, de satisfaire leurs passions. Ma fortune deviendra ce que Dieu voudra; mais, puisque j'ai encore la santé et la volonté, je ne veux pas qu'elle tombe après moi en des mains indignes.

— La colère te rend trop sévère et peut-être injuste, mon cher Georges, dit le père Biscuit. Sans doute, ta famille n'est pas ce qu'elle devrait être ; mais, à côté des méchants, il faut voir les bons. Parmi tes petits-neveux et tes petites-nièces, il y en a qui doivent trouver grâce en ton cœur.

— C'est vrai, il y a quelques belles âmes, reprit M. Durandeau ; ce sont des enfants, ils ignorent le mal. La convoitise et les calculs infâmes n'ont pas encore gangrené leur cœur. Je songerai à eux, je réfléchirai, je verrai...

— Voilà qui est bien parlé, Georges, je te retrouve tout entier.

— Je ne puis songer à ces enfants sans être attendri ; c'est grâce à eux que je n'ai pas fermé ma porte aux autres depuis longtemps. Je désire les voir heureux ; je ne confondrai pas les innocents avec les coupables. Mais je m'arrangerai de telle façon, que les indignes ne pourront profiter des bienfaits que je répandrai sur ceux qui les auront mérités. Comment m'y prendrai-je, je l'ignore ; mais je le veux et cela sera.

— Non, Georges, non, tu ne déshériteras aucun des membres de ta famille. Il ne faut pas que quelqu'un te blâme après ta mort ou qu'on ne respecte point ta mémoire.

— Eh ! que m'importe ce que penseront certaines gens, si mes intentions ont été honnêtes, si ma con-

6

science est restée pure? Ma vie a été utile et occupée; j'ai fait le bien quand j'en ai trouvé l'occasion; le mal, on le fait, hélas! souvent sans le vouloir : je suis homme et j'ai été soumis aux faiblesses de ma nature. Mais quelques nobles cœurs se souviendront de moi avec plaisir, et ceux qui m'estiment aujourd'hui, diront, en parlant de moi plus tard : « Il a été bon, il a été juste. »

— Cela n'empêchera pas ceux qui auront à se plaindre, de dire en même temps : « Georges Durandeau, notre oncle, a manqué d'indulgence. »

— Oh! ceux-là, dès maintenant, savent ce qu'ils méritent, s'écria le vieillard. Voyons, mon vieux Jacques, continua-t-il, est-ce à Joseph Durandeau, un ivrogne, que je dois laisser une partie de ma fortune? Il a mangé le peu que lui avait laissé son père; il a également dévoré le bien de sa femme; ses enfants sont obligés de se mettre en service chez les autres. Son frère Philippe mérite-t-il moins de sévérité de ma part? Non. Sa paresse a fait le malheur des siens. Les cartes à la main, attablé dans un cabaret, il dépense chaque jour ce qui manque dans son ménage. Tout ce qu'il possède est hypothéqué, les créanciers vont perdre patience, et alors... c'est sur ma mort qu'il compte pour remettre ses affaires en bon état et recommencer, sur nouveaux frais, une existence désordonnée. Mon neveu Cormelin ne vaut certes pas mieux que les autres : toujours absent de sa maison, il paraît se soucier fort peu des siens. Il s'est fait maquignon il y a dix ans ; il parcourt les foires, il achète, il revend. Retire-t-il des bénéfices de son métier, je le crois. Mais ce n'est pas dans son ménage qu'il apporte son argent. Sans le vieux Durandeau, les choses les plus nécessaires à la vie manqueraient chez lui. Sa sœur, la femme Marchand, n'existe que pour l'orgueil et une sotte coquetterie. Envieux, gourmands, paresseux et surtout méchants, voilà ce qu'ils sont tous. Ils se sont habitués à compter sur moi, ils ont calculé ce qui reviendrait à chacun de mon héritage, et ils se sont tranquillisés sur leur avenir. Funeste calcul ! je vois tout le mal qu'il a produit. Oui, je le répète, si mes neveux n'avaient pas vu en moi leur poule aux œufs d'or, ils seraient meilleurs, ils seraient plus heureux. Te les ai-je bien fait connaître, Jacques ? leur ai-je donné des défauts qu'ils n'ont pas ? Il y a longtemps que ma voix grondeuse s'est fait entendre à eux pour la première fois. Ils ne m'ont pas écouté ou ils ont ri de mes conseils : je n'étais pour eux qu'un vieux radoteur. Jacques, ces gens-là n'auront pas mon héritage, ils ne l'auront pas.

— Et qu'en feras-tu ?

— Je ne sais pas encore. Je vais songer à cela sérieusement. Je ferai un testament avec certaines clauses... A ce sujet, je consulterai M. Hémard, mon notaire. Tout sera fait pour le mieux, suivant une idée que j'ai là, dans la tête. Mais l'heure à laquelle tu te couches d'habitude est passée, mon vieil ami, je ne veux pas te retenir davantage.

— Mon cher Georges, s'il te plaît de causer jusqu'à minuit, jusqu'au jour même, tu sais que je ne penserai pas à dormir.

— Oui, je sais que pour m'être agréable, tu ferais tous les sacrifices. Mais aujourd'hui je n'accepte pas. D'ailleurs, j'ai besoin de repos, moi aussi ; je me sens mal à mon aise.

— En effet, depuis un instant, ta figure est devenue bien rouge.

— Cela vient de la grande contrariété que j'ai éprouvée ce soir.

— Veux-tu que je reste près de toi cette nuit?

— Non. Mon indisposition est légère. Après deux heures de sommeil il n'y paraîtra plus.

— Je l'espère bien, alors je m'en vais.

— Oui. A demain, Jacques.

— Bonne nuit, Georges. Je viendrai de bonne heure demain matin pour savoir si tu es tout à fait remis.

Un domestique éclaira le père Biscuit jusque dans la rue, et M. Durandeau se retira dans sa chambre à coucher.

III

— C'est singulier, dit M. Durandeau en s'arrêtant au milieu de la chambre ; j'ai comme un nuage devant les yeux, je n'y vois presque plus ; ma tête devient d'une lourdeur... Qu'est-ce que j'ai donc ? Ah ! c'est l'air qui manque ici !...

Il ouvrit une fenêtre donnant sur des jardins. De suaves émanations entrèrent dans la chambre par bouffées.

Le vieillard offrit sa tête aux brises tièdes du jeune avril. Cela lui fit un peu de bien. Il respira bruyamment à plusieurs reprises.

Un rossignol chantait à quelques pas dans un massif de noisetiers. M. Durandeau l'écouta distraitement. Il vit la lune apparaître derrière une plantation de peupliers ; il la regarda monter lentement.

L'horloge de la paroisse sonna onze heures. Il y

avait déjà longtemps que M. Durandeau était dans sa chambre et il n'avait pas encore songé à se mettre au lit.

— Ce que j'éprouve n'est pas ordinaire, se dit-il tout à coup en faisant quelques pas. J'ai du feu dans la tête, un poids pèse sur ma poitrine, ma gorge est serrée comme dans un étau, j'étouffe.

L'idée d'une mort subite traversa son cerveau.

— Mon Dieu! s'écria-t-il, je ne crains pas la mort, je suis prêt à paraître devant vous; si cette belle nuit est la dernière que je doive voir, que votre volonté soit faite!

Il trempa un linge dans de l'eau fraîche et le passa sur son visage. Il s'assit ensuite devant une table sur laquelle il y avait de l'encre, du papier et des plumes.

Il écrivit, non sans difficulté, pendant quinze ou vingt minutes; il plia le papier, le mit dans une enveloppe et la cacheta de cire bleue.

L'enveloppe portait cette suscription :

« Monsieur Hémard, notaire à Rangecourt. »

M. Durandeau sentait son malaise augmenter. L'oppression l'étreignait à ce point qu'il ne pouvait plus respirer.

— Oh! je vais mourir! je vais mourir ! dit-il en râlant.

Sa gorge se serrait de plus en plus. Il avait devant les yeux comme un voile de sang.

— Oh! mourir ainsi! reprit-il, seul, abandonné, sans un ami près de moi, sans un prêtre qui me parle de Dieu! Seigneur, ajouta-t-il, si vous me rappelez, pardonnez-moi les fautes que j'ai commises...

Le souffle et la voix lui manquèrent complétement.

Il se leva brusquement pour courir à la fenêtre qu'il avait laissée ouverte; mais ses jambes fléchirent, le sang l'étourdissait. Il n'eut que le temps de se jeter sur le cordon d'une sonnette avant de tomber.

Un instant après le domestique, averti par la sonnette de son maître, entrait dans la chambre. Il trouva M. Durandeau étendu sur le parquet et ne donnant plus aucun signe de vie. Il appela aussitôt un de ses camarades. Avec cet aide, il porta le vieillard sur son lit.

La cuisinière s'était déjà habillée et était partie pour prévenir le médecin. Il arriva vers une heure. Il pratiqua vainement plusieurs saignées; le sang ne circulait plus dans les artères. Il déclara que M. Durandeau n'existait plus et qu'il était mort d'une attaque d'apoplexie foudroyante.

Les domestiques furent consternés. Ils perdaient le meilleur des maîtres et une bonne place.

Le papier trouvé sur la table de M. Durandeau fut confié au médecin, qui se chargea de le remettre lui-même, dès qu'il ferait jour, à M. Hémard, le notaire.

Le père Biscuit fut réveillé de bonne heure par des coups de poing frappés contre les volets de sa fenêtre.

— Eh bien ! eh bien ! qu'y a-t-il donc ? demanda-t-il en entr'ouvrant sa porte.

— Père Biscuit, venez, venez vite.

— C'est toi, Joseph, est-ce que ton maître est malade ? Entre, je ne serai pas long à me vêtir.

Joseph obéit à l'invitation qui lui était faite. Le père Biscuit remarqua aussitôt la mine piteuse du vieux serviteur.

— Mon Dieu ! Joseph, tu a une singulière figure ; M. Durandeau est donc bien mal ? Il se plaignait déjà hier soir. Le médecin est-il près de lui ?

— Le médecin est venu, père Biscuit, mais trop tard.

— Que veux-tu dire ?

— Hélas ! mon pauvre maître...

Le père Biscuit jeta un grand cri. A demi habillé, il s'élança hors de sa maison en disant :

— Mon Dieu ! mon Dieu ! mon pauvre ami !...

Quand il pénétra dans la chambre mortuaire, la

plupart des héritiers s'y trouvaient réunis déjà. Son arrivée fut considérée par ceux-ci comme fort déplaisante. Mais le bonhomme ne fit nulle attention à leurs manières hostiles. Il s'approcha du lit, et, en pleurant, il embrassa le cadavre de son vieil ami.

— En voilà un qui a fièrement grugé notre oncle depuis vingt ans ! dit Joseph Durandeau à son frère. J'aurai du plaisir à le flanquer à la porte de cette maison.

— Vieux pique-assiette ! pensait la femme Marchand.

Les héritiers sortirent l'un après l'autre de la chambre du mort. Au bout d'un instant, ils se trouvèrent tous rassemblés dans le salon.

— Écoutez, dit Cormelin, nous avons tous quelque chose à nous reprocher ; nous devons oublier nos vieilles inimitiés et nous serrer la main. On est vif, on s'emporte et l'on se dit des choses... des niaiseries, quoi ! Il est de notre intérêt à tous que le plus parfait accord règne entre nous.

— Cormelin a raison, dit une voix.

— C'est mon avis, reprit Joseph Durandeau, devenu le chef de la famille; donc, pas de récriminations : le passé est mort, vive le présent ! Voici ce que je propose : Nous ferons entre nous, à l'amiable, le partage des propriétés de Rangecourt; la maison fera partie d'un lot. Le linge et le mobilier seront l'objet d'un autre partage. Quant aux propriétés qui n'appartiennent pas à la commune de Rangecourt, nous les mettrons en vente. Nous sommes six têtes, et il n'y a pas de mineurs; les partages se feront donc sans aucune difficulté.

— Et l'argent? demanda la femme Marchand.

— Vous savez qu'il est chez le notaire, répondit Joseph Durandeau. La somme doit être forte : rentes sur l'Etat, billets à ordre, premières hypothèques, créances de toutes sortes, espèces ; il y a de tout cela chez M. Hémard. Soyez tranquille, je me charge de lui faire rendre ses comptes.

— Pourvu qu'il ne nous trompe pas, fit observer le jeune Durandeau.

— Allons donc! répondit son frère, ces gens-là ont des livres, on y regarde.

— Cormelin, vous ne parlez pas, dites donc quelque chose.

— Je réfléchis, répliqua le maquignon.

— Ah! vous... réfléchissez. Pourrait-on savoir à quoi?

— A la question des partages.

— Eh bien?

— J'aime mieux qu'on ne partage rien.

— Comment?

— Et qu'on vende tout.

— Par exemple !

— Je préfère l'argent, moi.

— Mais nous voulons des terres et des vignes, nous.

— Vous avez votre idée, j'ai la mienne.

— Voilà qui est plaisant.

— C'est mon droit.

— Dites donc, vous autres, entendez-vous Cormelin ?

— Il dit des bêtises, répondit Philippe Durandeau.

— J'exprime mon opinion, répliqua le maquignon.

— Ah çà ! mon cher, croyez-vous que vous allez nous imposer votre volonté ?

— Pourquoi pas ?

— Vous êtes fou.

— Je vous prouverai le contraire quand il en sera temps.

— Est-ce une menace ?

— C'est ce qu'il vous plaira.

— Vous êtes un insolent.

— Eh bien, allez vous encore recommencer à vous disputer ? fit la femme Marchand.

— Je vous prends à témoin que c'est Cormelin qui me cherche querelle.

— C'est vrai, ça ; Cormelin n'est jamais du même avis que les autres.

— Il se croit plus malin que tout le monde.

— Je n'ai pas de peine à l'être autant que les deux Durandeau.

— Ce qui veut dire...?

— Que je ne vous crains pas et que je me moque de vous.

Joseph Durandeau bondit au milieu du salon. Le visage blême, les dents serrées et les poings fermés, il s'avança sur Cormelin.

Celui-ci n'eut que le temps de placer une chaise entre son adversaire et lui.

Tout le monde s'était levé ; les uns entourèrent Durandeau, les autres Cormelin. Ce dernier fut entraîné hors du salon ; la querelle se trouva ainsi heureusement terminée.

IV

Le lendemain, tout Rangecourt suivait le cercueil du vieux Durandeau. Les laboureurs étaient revenus des champs de bonne heure ; personne ne travaillait plus au village. Les pauvres des pays voisins étaient accourus pour dire un dernier adieu à l'homme de bien qui, tant de fois, leur avait donné du pain, des habits et même de l'argent.

M. Hémard retraça en quelques mots, dits simplement et d'une voix émue, la vie si bien remplie du défunt.

Après lui, le père Biscuit voulut prendre la parole ; mais les sanglots étouffèrent sa voix. Il ne put que répéter :

— Adieu, mon vieil ami! adieu, adieu! à bientôt.

A la sortie du cimetière, Joseph Durandeau aborda le notaire.

— Il paraît que vous avez reçu, hier matin, un écrit de notre cher oncle, lui dit-il ; serait-ce un testament ?

— C'en est un, répondit le notaire.

L'héritier tressaillit. Il se sentit froid dans le dos. Mais il se rassura bientôt.

— Nous sommes tous également pauvres, reprit-il ; j'espère bien que notre oncle n'a été injuste envers aucun de nous et qu'il n'a pas avantagé l'un au détriment des autres.

— Il ne m'appartient pas, à moi, monsieur, de juger aucun des actes du défunt.

7

— Certainement. Notre oncle était bien le maître de sa fortune, et ce que j'en disais...

— Ce que je puis vous apprendre, monsieur, c'est que M. Durandeau, votre oncle, a traité également tous les membres de sa famille.

— Je vous remercie, monsieur Hémard, je ne désirais pas en savoir davantage. Le cher défunt était bien le plus honnête homme du monde. En a-t-il rendu des services ! Pauvre cher oncle ! nous ne nous attendions pas à le voir nous quitter si tôt. Sa mort sera vivement regrettée.

— Je n'en doute pas.

— Est-ce que vous nous ferez connaître bientôt le contenu du testament ?

— J'ai voulu attendre pour cela la fin de la triste cérémonie à laquelle nous venons d'assister.

— Alors vous allez pouvoir nous dire...

— Dans un instant. Veuillez vous rendre, avec tous vos parents, à la maison de votre oncle ; je ne tarderai pas à vous y rejoindre.

Durandeau aîné s'empressa de communiquer à toute la famille les dernières paroles du notaire.

La veille, après avoir reçu le testament de la main du médecin, M. Hémard était monté à cheval et s'était rendu en toute diligence au chef-lieu d'arrondissement. Il avait porté le testament au président du tribunal de première instance, et l'ouverture en avait été faite immédiatement.

Toutes les formalités remplies, M. Hémard était revenu à Rangecourt, où personne ne s'était douté du motif de son voyage.

Quand il arriva à la maison mortuaire, tous les héritiers étaient réunis dans le salon. On l'attendait avec impatience.

Les Durandeau s'assirent et se disposèrent à écouter la lecture de ce papier terrible qui, malgré toute leur confiance, leur faisait un peu l'effet d'une épée de Damoclès.

Le notaire resta debout.

Il tira gravement le testament de son enveloppe, déplia le papier et lut :

« Je me sens malade. L'idée que je puis mourir bientôt vient de me saisir. Mais je ne veux pas que la mort vienne me frapper avant d'avoir manifesté, une dernière fois, ma volonté.

» Je ne subis aucune influence ; j'écris avec toute ma raison. Et c'est parce que je raisonne sainement que j'institue Jacques Maigrot, surnommé le père Biscuit, mon légataire universel. »

Plusieurs cris rauques retentirent aux côtés du notaire.

— C'est impossible ! s'écria Durandeau en bondissant comme un forcené au milieu du salon, mon oncle n'a pas écrit cela.

— C'est son écriture et sa signature, dit le notaire.

— Mais c'est infâme !

— Un vol manifeste ! ajouta l'autre Durandeau.

— Le père Biscuit est un gueux, un scélérat ! exclama la femme Marchand.

— Nous traînerons ce vieux misérable devant les tribunaux ! hurla Cormelin.

— Voulez-vous que je continue ? demanda le notaire.

— A quoi bon ? ce papier est absurde.

— Ce papier est un testament parfaitement légal, répliqua le notaire.

— Nous l'attaquerons, nous prouverons qu'il ne vaut rien.

— Vous ferez ce qu'il vous plaira. En attendant, voulez-vous, oui ou non, que je vous fasse connaître le reste ?

— Oui, oui, lisez. Il faut bien que nous sachions tout.

Le notaire reprit :

« On pourra trouver étrange que j'aie fait Jacques Maigrot mon héritier. Mais j'ai pour cela plusieurs raisons que je veux laisser ignorées.

» Je déshérite mes neveux et mes nièces, parce que je sais que ni les uns ni les autres ne sauraient faire un bon usage de leur part d'héritage.

» Je n'impose aucune condition à mon héritier, si ce n'est celle de quitter sa chaumière et de venir habiter ma maison.

» Voilà ma volonté.

» Rangecourt, le 23 avril 1860.

» Onze heures et demie du soir.

» Georges Durandeau. »

Les déshérités se levèrent en faisant d'horribles grimaces.

— Monsieur Hémard, dit Cormelin, le papier que vous venez de nous lire n'a pas le sens commun, il ne prouve qu'une chose : c'est que notre oncle est mort idiot.

— Je ne suis pas de votre avis, monsieur Cormelin.

— Nous n'en tenons aucun compte, dit Durandeau.

— Vous changez les rôles, monsieur Durandeau; c'est le testament, au contraire, qui ne tient aucun compte de vos protestations.

— Il a été arraché à notre oncle par surprise ou par force; c'est une captation d'héritage, nous en fournirons des preuves.

— Si vous le pouvez. En attendant, je vais donner connaissance du testament à Jacques Maigrot et le mettre en possession de l'héritage de défunt Jacques Durandeau.

— C'est abominable, ce que vous voulez faire, dit la femme Marchand.

— Je vous déclare, monsieur Hémard, reprit Cormelin, que nous ne sortirons pas d'ici ; cette maison est la nôtre.

— Je vous ai donné lecture du testament, dit froidement le notaire ; je n'ai pas à vous conseiller. Vous savez ce que vous devez faire.

M. Hémard sortit sur ces paroles, laissant les Durandeau consternés et la rage au cœur.

Il se rendit immédiatement chez le Père Biscuit. Le bonhomme était en train d'assaisonner une salade de jeune laitue avec deux œufs cuits durs pour son déjeuner.

— Vous avez prononcé de belles et touchantes paroles sur la fosse de notre pauvre ami, monsieur, dit-il au notaire en le faisant asseoir. Vous m'avez fait pleurer, je vous remercie. Pauvre Georges ! sa mort m'a donné un grand coup ; je m'y attendais si peu... Je ne vivrai pas longtemps, maintenant, monsieur Hémard ; j'irai rejoindre là-haut mon vieux camarade.

— Vous auriez tort de mourir, monsieur Maigrot, le moment serait on ne peut plus mal choisi. Vous allez en convenir vous-même, quand je vous aurai donné connaissance du testament de Georges Durandeau.

— Comment ! Georges avait fait un testament ? fit le père Biscuit avec surprise ; il ne m'en a jamais parlé.

— Cela se comprend, monsieur Maigrot, puisque ce testament a été écrit par M. Durandeau lui-même, un quart d'heure peut-être avant sa mort. Veuillez, je vous prie, en écouter la teneur.

Les coudes sur la table et la tête dans ses mains, le père Biscuit prêta une oreille attentive à la lecture du testament. Rien sur son visage ne trahit une sensation quelconque.

— D'après ce que je viens d'entendre, dit-il avec le plus grand calme, toute la fortune de Georges Durandeau est à moi.

— Parfaitement à vous, monsieur Maigrot, répondit le notaire profondément étonné de l'indifférence affectée du légataire.

Sans changer de position, le père Biscuit se mit à réfléchir.

— Vous aviez raison tout-à-l'heure, reprit-il après quelques minutes de silence ; si je mourais, le moment serait bien mal choisi. J'avais des idées tristes dans la tête, je viens de les chasser. Je veux vivre, je vivrai ; il faudrait que Dieu m'accordât encore quelque vingt ans de vie. J'accepte l'héritage de mon ami, monsieur Hémard. Si vous le voulez bien, vous continuerez pour moi vos bons et loyaux services.

— Je vous remercie de la confiance que vous m'accordez, monsieur Maigrot ; elle m'honore et m'enhardit à vous parler de la famille du défunt.

Un nuage passa sur la figure du vieillard ; ses traits s'assombrirent subitement.

L'œil scrutateur du notaire interrogeait la physionomie de l'héritier.

— Ils sont tous pauvres, reprit-il ; votre intention n'est-elle pas de faire quelque chose en leur faveur ?

— Vous ont-ils prié de me parler pour eux, monsieur Hémard ?

— Nullement, mais j'ai cru devoir vous demander...

— Georges Durandeau n'a pas oublié sa famille sur son testament sans intention, monsieur ; je suis son légataire universel, je respecterai sa volonté dernière.

— Je dois vous déclarer qu'elle se dispose à attaquer le testament.

— Croyez-vous qu'ils puissent le faire annuler ?

— Je ne le crois pas.

— En ce cas, j'attendrai, et je me défendrai.

— N'avez-vous pas d'ordre à me donner ?

— Ce soir, je m'installerai dans ma nouvelle demeure; je vous serai obligé de vouloir bien venir demain matin causer avec moi. J'ai besoin que vous me fassiez connaître le chiffre exact de ma fortune.

— Demain, je serai chez vous à neuf heures.

Le notaire se retira.

— Le père Biscuit est une véritable énigme, pensait-il. Il passe pour être un honnête homme, on le croit bon. Aurait-il réussi à tromper tout le monde ?

Après avoir reconduit le notaire jusqu'à sa porte, le père Biscuit revint s'asseoir à sa table et mangea fort tranquillement sa salade.

Il achevait son déjeuner frugal, lorsque Joseph, le vieux domestique, vint l'avertir que les Durandeau s'étaient établis dans la maison du défunt, qu'ils s'étaient fait servir à manger, et qu'ils ne paraissaient pas vouloir s'en aller de si tôt.

A cette nouvelle, le père Biscuit se mit à rire d'une façon étrange.

— Ces gens-là ne me connaissent pas encore, dit-il. Je vais, pour la première fois, leur montrer qui je suis.

Joseph, ajouta-t-il, tu vas aller trouver M. Hémard et le prier, de ma part, de passer immédiatement chez M. le maire ; je m'y rends moi-même de ce pas.

Une demi-heure après, M. Hémard avait communiqué au maire le testament de Georges Durandeau, et le père Biscuit requérait son autorité pour expulser la famille du testateur de la maison qui était devenue la sienne.

Le maire ne put s'empêcher de laisser voir combien lui répugnait la mission dont on le chargeait. Mais le père Biscuit se montra exigeant et absolu. Le maire se décida à agir.

Accompagné du juge de paix, de deux conseillers municipaux et du garde champêtre, il alla trouver les Durandeau et les somma de se retirer.

Ceux-ci opposèrent d'abord une énergique résistance ; mais, quand ils virent que le maire ne reculerait pas à employer la force contre eux, ils cédèrent.

Je vous laisse à penser comment ils traitèrent le père Biscuit. D'ailleurs, un revirement s'était déjà produit dans l'opinion publique. Le bonhomme ne comptait peut-être plus un seul ami à Rangecourt. On le blâmait hautement, on le traitait d'hypocrite; on disait même qu'il avait convoité l'héritage du vieux Durandeau, qu'il avait agi sur l'esprit affaibli d'un vieillard, en un mot, qu'il avait volé les héritiers de Georges Durandeau.

Le père Biscuit ferma l'oreille à toutes ces clameurs, il se moqua des commérages, il emménagea dans la maison de son ami défunt et entra très-paisiblement en possession de l'héritage.

V

Quand le notaire eut mis le légataire universel au courant de toutes ses affaires, et que tous les comptes furent établis, il se trouva que la fortune de Georges Durandeau, considérablement augmentée par suite d'une bonne gestion, s'élevait au chiffre majestueux d'un million.

Un million! ce seul mot foudroyait la famille Durandeau. Ils allèrent à la ville consulter les avoués et les avocats. Les gens de robe songent à travailler et à gagner leur vie comme les autres; au lieu de détourner les Durandeau de l'idée d'attaquer le père Biscuit, ils les engagèrent au contraire à intenter immédiatement le procès. Les choses allèrent grand train ; car, quinze jours après la mort de Georges Durandeau, le père Biscuit recevait une première feuille de papier timbré.

Il avait gardé à son service tous les domestiques de son ami.

— Je sais, leur avait-il dit, que vous avez été bons pour votre ancien maître, que vous l'avez fidèlement servi ; je suis habitué à vivre seul et à me passer du service des autres ; néanmoins, si vous le voulez, vous resterez ici, payés, nourris et logés, jusqu'à ce que ma mort vienne encore une fois tout bouleverser.

Comme on le devine, aucun serviteur ne parla de s'en aller. Dans le pays, on dit que le père Biscuit ne les conservait que par orgueil et ostentation.

Il reçut l'un après l'autre les fermiers et tenanciers divers ; il fut sévère pour tous. Quelques-uns ne soignaient pas convenablement leur fermage : ils laissaient maigrir la terre, faute d'un amendement suffisant ; le père Biscuit les menaça, s'ils n'agissaient pas mieux à l'avenir, de prendre d'autres fermiers.

Il se montra encore plus dur pour ceux qui avaient emprunté de l'argent au défunt. Il avait calculé d'avance leurs ressources, et il fixa lui-même l'époque des remboursements, leur déclarant que, s'ils ne payaient pas, il les poursuivrait avec la plus grande rigueur.

Il y eut des récriminations, des cris de colère dans le village; le père Biscuit devint la bête noire de tout le monde. Jamais homme ne trouva le moyen, en si peu de temps, de se faire aussi bien détester. Mais il n'en prit nul souci. Tout le mal qu'on disait de lui semblait lui être, au contraire, infiniment agréable.

Il commanda pour son ami un superbe mausolée, tout en marbre blanc et noir. Il rédigea lui-même l'épitaphe destinée à être gravée en lettres d'or.

Les paysans ne purent l'appeler ingrat; mais comme il avait fait construire un caveau dans lequel il avait désigné sa place, on ne manqua pas de dire qu'il voulait se rendre des honneurs avant sa mort.

Cependant, le procès intenté par les héritiers Durandeau au père Biscuit avait été plaidé et perdu par les premiers. Il y eut à payer des frais énormes.

Pour ne rien prendre sur l'héritage de son ami, le père Biscuit vendit sa maison et son jardin. Le produit de la vente suffit juste pour les honoraires de l'avocat.

Quant aux Durandeau, déjà très-gênés, ce malheureux procès acheva de les ruiner.

— Tant pis pour eux ! dit le père Biscuit en apprenant la triste position dans laquelle se trouvait toute cette famille, cela leur apprendra à être sages, c'est une bonne leçon.

Un matin, le père Biscuit partit pour faire un voyage. Il ne revint à Rangecourt que quinze jours après.

Son absence fut remarquée, car beaucoup de gens avaient les yeux sur lui; mais où était-il allé? qu'avait-il fait pendant ces deux semaines? Voilà ce que nul ne pouvait dire.

Quelque temps après, un étranger vint demeurer à Rangecourt. Il y avait une maison à vendre à côté du presbytère, il l'acheta et la fit meubler richement.

Cet homme pouvait avoir entre cinquante et soixante ans. On sut bientôt qu'il était célibataire et fort riche, car une vieille domestique qu'il avait amenée avec lui répondait avec beaucoup de complaisance à toutes les questions des paysans, naturellement curieux.

Grâce aux indiscrétions, peut-être volontaires de

sa gouvernante, M. Laurier — c'était le nom de l'étranger — fut immédiatement considéré comme un personnage de haute importance. Les paysans le saluèrent jusqu'à terre ; ils ne se demandèrent même pas si le passé de cet inconnu était avouable. D'ailleurs, le paysan se laisse toujours éblouir par la fortune : être honnête et pauvre, pour lui ce n'est être rien, mais être riche, c'est être tout. Qu'importe l'homme !

La première visite que fit M. Laurier, après son installation, fut pour son voisin, le curé de Rangecourt. Ils restèrent plus de deux heures ensemble à causer. Quand M. Laurier se retira, le curé l'accompagna jusque dans la rue.

— A bientôt, mon ami, lui dit le prêtre.

Et ils se séparèrent après s'être serré la main.

Ces détails, observés par la gouvernante du curé, étaient répétés le lendemain par tous les habitants de Rangecourt. Cela donna un nouveau relief à M. Laurier aux yeux des paysans.

— M. le curé l'a appelé son ami, disait-on. Oh ! c'est un bien honnête homme !

— Comme il a l'air bon !

— Il est riche et il n'est pas fier, il nous salue, il nous parle.

— Toutes ses paroles sont amicales.

— Son sourire est doux, gracieux...

— En voilà un qui sait se faire aimer !

— Il est si affable !

— Ce n'est pas comme cet avare de père Biscuit.

— Oh ! Dieu merci, non.

— Savez-vous que M. Laurier n'a pas daigné lui faire une visite ?

— Il a joliment bien fait.

— Et il est allé presque chez tout le monde.

— Le père Biscuit est connu maintenant, voyez-vous : on sait très-bien que c'est un hypocrite, un... vieux rien du tout.

— C'est un homme qui, s'il le pouvait, sucerait le sang des pauvres gens jusqu'à la dernière goutte.

— M. Durandeau, un si brave homme, a bien mal placé sa fortune.

— Heureusement que le père Biscuit n'en jouira pas longtemps.

— Ne dites pas cela ; on dirait que les gens, comme cette plaie de père Biscuit, ne peuvent pas mourir.

— Soit, mais il faudra que son tour vienne.

— La commune sera bien débarrassée.

Voilà le parallèle qu'on établissait entre le père

Biscuit et M. Laurier, un mois après l'arrivée de ce dernier à Rangecourt.

M. Laurier remplaça M. Georges Durandeau : il devint l'ami, le père des pauvres. Jamais à sa porte on ne refusait une aumône.

— C'est la demeure du bon riche, disaient les malheureux en montrant sa maison ; le mauvais riche est là-bas, ajoutaient-ils en parlant du père Biscuit.

M. Laurier se faisait encore remarquer par une piété exemplaire. Jamais il ne manquait d'assister aux offices du dimanche.

Quand on le veut, les bons exemples sont faciles à suivre. Beaucoup de villageois qui, depuis des années, ne mettaient plus les pieds à l'église, reprirent l'habitude d'aller entendre la messe et même les vêpres. Les cabarets du village furent moins fréquentés ; il y eut moins de querelles entre maris et femmes et plus de bien-être dans les ménages. M. Laurier en fut récompensé par la reconnaissance des mères de famille. On ne cessait de répéter :

— M. Laurier porte bonheur à tout le monde. C'est la Providence qui l'a envoyé à Rangecourt.

En occupant ainsi les esprits, M. Laurier fit un

peu oublier le père Biscuit. Le bonhomme n'eut garde de s'en plaindre.

VI

M. Laurier ne tarda pas à avoir beaucoup d'amis à Rangecourt. Comme il ne dédaignait pas de s'asseoir au coin du feu et à la table du paysan, tout le monde recherchait l'honneur de le posséder. Il s'arrangeait de façon à ne blesser aucune susceptibilité et à ce que chacun fût satisfait.

Cependant il montra certaines préférences. Il y eut quatre ou cinq maisons où il alla fort souvent.

On remarqua surtout qu'il témoignait une grande amitié à la famille deshéritée de Georges Durandeau. On s'étonna peu de ce fait, car il s'était lié tout d'abord, très-intimement, avec Joseph Durandeau, le chef de cette famille.

Cette préférence, d'ailleurs, ne mécontenta personne; on l'interpréta comme un blâme de la conduite du père Biscuit ; on y reconnut la sympathie d'un excellent cœur.

Les Durandeau accusèrent l'héritier de leur oncle devant M. Laurier, et s'en plaignirent, sans ménager les épithètes malsonnantes. M. Laurier les écoutait toujours ; mais il leur recommandait la modération et finissait par faire tomber leur colère.

Jamais une parole méchante ou même sévère, à l'adresse du père Biscuit, ne sortit de la bouche de M. Laurier. Il affectait même de ne jamais parler de lui. Les Durandeau trouvaient ce dédain suffisamment significatif. Assurément M. Laurier partageait l'opinion de la majorité. Le père Biscuit ne méritait même pas qu'on s'occupât de ses actions.

Un jour de fête, le père Biscuit et M. Laurier se rencontrèrent sur la petite place du village, en présence d'une grande partie des habitants qui s'y trouvaient réunis.

— Voilà M. Laurier, dit un paysan qui causait alors avec le père Biscuit.

— Ah! fit le vieillard.

Il se retourna, et l'on vit qu'il regardait M. Laurier avec une grande curiosité.

On avait également montré le père Biscuit à celui-ci. Il marchait, causant avec Cormelin et un autre paysan. Quand il passa devant le vieillard, il détourna vivement la tête pour se dispenser de le saluer.

Il y eut un frémissement d'aise parmi les spectateurs de cette petite scène ; sans la crainte qu'on avait du père Biscuit, on aurait certainement applaudi d'une façon bruyante.

— Ce monsieur n'est pas très-poli, se contenta de dire le bonhomme en souriant.

Pendant ce temps, Cormelin et M. Laurier causaient :

— Mon cher ami, je ne demande pas mieux que de vous ouvrir ma bourse, disait ce dernier ; je vous prêterai volontiers dix, quinze et même vingt mille francs ; mais il faut que je sache comment travaillera mon argent.

— Vous savez ce que je fais : j'achète à une foire et je revends sur l'autre, toujours avec de jolis bénéfices.

— Cela est très-bien ; mais il y a fort longtemps que vous maquignonnez, mon cher, et vous êtes aujourd'hui plus pauvre que quand vous avez commencé.

Cormelin devint très-rouge et balbutia quelques paroles que M. Laurier ne chercha même pas à entendre. Il continua :

— Votre femme souffre, Cormelin ; elle a enduré bien des privations ; peut-être n'a-t-elle pas mangé tous les jours. Quant à vos enfants, vous ne vous êtes pas montré, jusqu'ici, beaucoup leur père.

Si votre négoce rapporte quelque chose, je ne m'explique pas votre pauvreté, ni la gêne continuelle que votre femme a supportée. Mais tenez, Cormelin, je vais être plus franc : vous avez mené une mauvaise conduite. En douze ans, vous avez mangé vingt mille francs, votre avoir ; j'en ai fait le calcul, les chiffres sont dans ma poche. Oui, je veux bien vous aider, vous remettre à même de continuer votre métier, mais à cette condition expresse, que je verrai clair dans votre manière de procéder, et que le gain de votre travail, au lieu d'être gaspillé on ne sait trop comment, apportera l'aisance dans votre ménage et donnera la tranquillité à votre femme, le bonheur à vos enfants.

— Vous êtes notre bienfaiteur à tous, monsieur Laurier ; je ferai tout ce que vous voudrez, et je vous obéirai comme à mon père. J'ai bien des choses à me reprocher ; mais je me repens, et l'avenir vous prouvera que je suis digne du bien que vous me ferez.

Le lendemain, Cormelin recevait dix mille francs pour reprendre son commerce.

Quelques jours auparavant, Joseph Durandeau avait également obtenu une somme considérable de M. Laurier. Il avait acheté des chevaux, des harnais, des chariots, des charrues, etc., etc., et avait pris l'exploitation d'une ferme assez importante pour l'occuper avec ses quatre enfants.

Les dettes de Philippe Durandeau furent payées; il reçut de plus une avance de fonds pour l'achat de trois belles vaches et d'un magnifique troupeau de moutons.

La veuve Marchand leva un commerce d'épicerie, mercerie et nouveautés, qui devait lui permettre de vivre honorablement avec ses deux filles.

Enfin, tous les parents de Georges Durandeau, grâce à M. Laurier, furent mis en état de gagner leur vie, suivant leurs aptitudes, et même de faire des économies.

En outre, le bienfaiteur n'épargna point les conseils. A tous il tint le même langage qu'à Cormelin. Il eut, du reste, la satisfaction de voir ses protégés faire bon profit de ses conseils, et lui prouver leur reconnaissance par le désir qu'ils avaient de lui plaire.

Le bien que faisait M. Laurier ne s'arrêta pas à la famille Durandeau; la plupart des habitants de Rangecourt y participèrent.

Quand un paysan avait un besoin absolu d'argent, soit pour réparer une perte non prévue, soit pour un achat forcé, il allait trouver M. Laurier, et il ne revenait jamais les mains vides.

Nous avons dit plus haut que le père Biscuit avait parlé durement à tous les débiteurs de Georges Durandeau, qu'il avait fixé lui-même des époques pour le remboursement des sommes qu'ils devaient, les menaçant de poursuites immédiates s'ils manquaient à leurs engagements.

Les menaces du légataire universel n'avaient pas été faites pour effrayer seulement les débiteurs; elles étaient sérieuses, et on ne tarda pas à en avoir la preuve.

Dès qu'une reconnaissance ou un billet à ordre n'était pas payé à l'époque dite, le père Biscuit le remettait à un huissier qui faisait immédiatement des frais. Plusieurs paysans se trouvèrent ainsi sous le coup d'une saisie. Ils accouraient alors chez M. Laurier pour lui faire part de la situation dans laquelle ils se trouvaient et lui demander l'argent dont ils avaient besoin.

M. Laurier les écoutait attentivement. Il leur demandait ensuite pourquoi ils ne s'étaient pas mis en mesure de s'acquitter. Les réponses ne satisfaisaient pas toujours M. Laurier. Quand des accidents fortuits avaient mis le débiteur dans l'impossibilité de payer, M. Laurier ne lui faisait pas de reproches; il lui prêtait la somme qu'il demandait, et fixait une échéance à la convenance de l'emprunteur. Mais, si l'imprévoyance, l'inconduite ou toute autre raison mauvaise — et M. Laurier le savait toujours — l'avait empêché de s'acquitter, il prenait un ton sévère, lui montrait ses torts et donnait raison au père Biscuit. Il lui prêtait néanmoins, mais en le prévenant qu'il serait lui-même impitoyable, s'il ne faisait pas les efforts nécessaires pour remplir son nouvel engagement.

Cette façon d'agir de M. Laurier fut approuvée par tout le monde. Elle produisit d'ailleurs un excellent effet. Les débiteurs se mirent sur leurs gardes, calculèrent un peu mieux et parvinrent à payer leurs dettes.

Deux ans s'étaient à peine écoulés depuis que M. Laurier était à Rangecourt, qu'il n'y avait plus dans le village, une seule propriété grevée d'hypothèques, ni un paysan sérieusement endetté.

M. Laurier était réellement pour le pays une cause de prospérité. Il n'y avait pas assez de voix pour exalter ses vertus. Ce n'était pas seulement de la considération qu'on avait pour lui, mais une admiration enthousiaste.

On ne faisait plus rien dans le village sans le consulter, sans avoir son avis. Les plus fortes têtes de Rangecourt recevaient ses conseils avec joie. Il était entré dans l'administration municipale. Simple conseiller, son pouvoir était aussi grand que celui du maire ; il est vrai que ces deux messieurs s'entendaient parfaitement, et qu'ils n'avaient en vue que le bien de la commune. On s'étonna plus d'une fois de voir M. Laurier, un étranger, si bien au courant des affaires publiques et des besoins communaux. Le maire disait souvent :

— M. Laurier connait la commune et ce qu'il y a à faire pour la bien administrer mieux que moi-même et les plus anciens du conseil. On dirait qu'un bon génie lui dicte toutes les excellentes délibérations qu'il nous fait prendre. Ce que nous avons fait depuis deux ans avec le peu de ressources que nous avons est incroyable. Chaque fois que j'ai l'honneur de voir M. le préfet il m'adresse des félicitations.

Une nuit, un incendie éclata à Rangecourt. Les récoltes étaient rentrées depuis peu, c'était un aliment pour le feu ; de plus, le vent soufflait avec une certaine violence ; aussi, malgré les efforts de tous les habitants et des personnes des environs accourues sur le lieu du sinistre, quatre maisons, des plus importantes de la commune, furent la proie des flammes. Des chevaux, des vaches, des moutons, périrent étouffés dans les étables. Les pertes furent évaluées à cinquante mille francs.

Quatre familles allaient se trouver, sinon dans la misère, au moins dans une gêne pénible qui pouvait durer des années.

Les compagnies d'assurances payèrent aux incendiés une somme de vingt mille francs; mais cette somme était loin de couvrir les pertes. Elle suffisait à peine pour payer la reconstruction des bâtiments. Les malheureux atteints par le sinistre faisaient donc une perte réelle et irréparable de trente mille francs. Quand la chose fut bien constatée, M. Laurier fit appeler les incendiés, et, devant le maire, il remit à chacun la somme qui devait couvrir le dommage que le feu lui avait causé.

— Aujourd'hui, mes amis, leur dit-il, ce n'est pas un prêt que je vous fais, mais un don. Heureusement ma fortune me le permet.

Ce dernier acte de M. Laurier, après tant d'autres déjà si beaux, mit le comble à sa réputation d'homme extraordinaire et bienfaisant par excellence. Il n'y eut pas un village dans le département où son nom ne fût connu et où toutes ses actions ne fussent livrées à une naïve et touchante admiration.

VII

La famille de Georges Durandeau était en pleine prospérité. Dirigée par les conseils de son bienfaiteur et sous sa surveillance affectueuse, elle acquérait enfin, par son seul travail, l'aisance et le bien-être que, par sa faute, elle n'avait jamais eus.

Cormelin faisait des affaires brillantes.

Joseph Durandeau menait d'une façon très-satisfaisante l'exploitation de sa ferme. Ses écuries pleines de bestiaux, faisaient plaisir à voir. Il avait compris que l'ivrognerie est un vice horrible et il avait oublié, facilement, le chemin du cabaret en apprenant celui de l'église.

Son frère Philippe donnait à ses fils l'exemple du travail, il ne jouait plus. Par contre, chaque année il augmentait son bien d'une vigne ou d'une belle pièce de terre.

La boutique de la veuve Marchand était très-achalandée. L'aînée de ses filles venait de se marier fort convenablement.

Ils avaient déjà proposé à M. Laurier de lui donner des à-comptes sur l'argent qu'il leur avait avancé; mais il leur avait répondu :

— Continuez, mes amis, continuez à faire vos affaires : je n'ai pas besoin de mon argent en ce moment. D'ailleurs, je le trouve très-bien placé entre vos mains.

Il ne voulait même pas toucher les intérêts.

Une seule personne de la famille aurait pu être jalouse du bien fait à ses parents par M. Laurier, car elle avait été à peu près oubliée. Cette nièce de Georges Durandeau, veuve d'un journalier nommé Rémond, était fort pauvre; mais forte, courageuse, et ouvrière infatigable, elle avait toujours su se défendre contre la misère. Elle n'avait qu'une fille qu'elle avait élevée avec des soins et une tendresse extrêmes. Elle lui avait fait donner une instruction peut-être au-dessus de sa fortune; mais telle avait été son idée, et nul ne songeait à la blâmer. Sa fille, d'ailleurs, avait très-bien répondu à cette affection sans bornes; sous tous les rapports, elle était devenue digne de sa mère. Douce, gracieuse et bonne autant que belle, Mademoiselle Rémond avait la réputation, méritée du reste, d'être une personne accomplie. C'est elle qui, le jour de la fête de son oncle, lui avait offert une paire de pantoufles, son premier ouvrage de tapisserie.

Alors elle n'avait pas encore quatorze ans.

Maintenant, elle est entrée dans sa dix-huitième année.

Nous savons qu'elle était une des petites-nièces bien-aimées de Georges Durandeau, ce qui ne les empêcha point, sa mère et elle, d'être déshéritées avec les autres.

Mademoiselle Rémond n'avait pas cette apparence de force et de santé, attribut ordinaire des filles des champs ; elle était au contraire, frêle et délicate comme une demoiselle.

On aurait dit, en la voyant, qu'elle appartenait plutôt à la ville qu'à la campagne.

Ne croyez pas, pourtant, qu'elle manquât de courage. Elle avait une volonté énergique, elle savait agir, elle aimait le travail et n'en dédaignait aucun.

Sa mère, dans sa tendresse pleine de sollicitude, n'avait pas voulu qu'elle partageât avec elle ses rudes traveaux de la campagne, elle lui avait fait apprendre l'état de couturière, et l'aiguille de la jeune fille, adroite comme celle des fées, se reposait rarement dans l'étui.

C'était à Hélène Rémond que les dames riches de Rangecourt et des villages voisins confiaient le soin non-seulement de coudre, mais de tailler leurs costumes les plus élégants.

Quand, par hasard, le travail manquait, Hélène, malgré sa mère, prenait le râteau, si l'on était aux jours de la fenaison, ou la faucille, quand c'était la moisson.

Pendant un de ces hivers longs et rigoureux, qui sont si durs pour les pauvres gens, mademoiselle Rémond eut l'occasion de montrer ce que valait son cœur et de prouver que la volonté, jointe à la satisfaction d'accomplir son devoir, peut, à l'heure du dévouement, tenir lieu de forces physiques.

Madame Rémond tomba malade; elle était prise par une de ces fièvres terribles qui, d'ordinaire, ont une issue funeste.

Grâce à une excellente constitution, la mère d'Hélène fut retirée des bras de la mort. Mais la maladie dura longtemps et la convalescence fut plus longue encore.

L'ouvrage ne manquait pas à la jeune fille; mais au village on travaille à la journée. Pour la première fois, mademoiselle Rémond mécontenta ses pratiques en ne donnant pas les journées de travail qu'on lui demandait. Pouvait-elle faire autrement?

pouvait-elle s'éloigner du lit de sa mère presque mourante?

Il arriva une chose qu'il était facile de prévoir : les modestes économies du ménage s'en allèrent rapidement en remèdes de toutes sortes, les notes qui viennent de l'officine du pharmacien montent vite et haut! La gêne était venue, la misère ne tarda pas à montrer sa face blême.

Un matin la jeune fille sentit qu'elle avait faim; elle avait à peine mangé la veille. Mais il n'y avait plus ni pain, ni farine, ni blé, ni argent dans la maison. Son cœur se serra affreusement en songeant à sa mère. Elle courut près de la malade et l'embrassa avec des larmes dans les yeux.

Le médecin arriva peu de temps après. Il trouva l'état de madame Rémond satisfaisant.

— Aujourd'hui, dit-il à la jeune fille, je crois pouvoir répondre de la vie de votre mère.

Hélène poussa un cri de joie et embrassa la main du docteur.

Elle n'avait plus faim.

Le médecin connaissait très-bien la pauvreté des deux femmes; ce jour là, il devina qu'elles étaient à bout de ressources; peut-être vit-il sur la figure de la jeune fille, qu'elle souffrait de la faim.

Le soir même, Hélène reçut une miche de pain,

un sac de farine, deux fromages, quelques livres de lard salé et une pièce de vingt francs.

C'était un don de M. Laurier.

Le lendemain, après sa visite à madame Rémond, le médecin dit à la jeune fille, qui le reconduisait :

— Ma chère enfant, depuis que votre mère est retenue dans son lit par la maladie, vous ne travaillez plus. Vous avez cessé d'aller en journée pour rester près d'elle et lui donner vos soins; vous avez bien fait. Les cœurs qui savent apprécier les beaux sentiments ne vous blâment point. Mais vous êtes gênée, vous manquez de tout ce qui est nécessaire à la vie.

Hélène devint très-rouge et baissa les yeux.

— Ce n'est pas pour vous humilier et vous faire de la peine que je vous dis cela, reprit le médecin; c'est pour vous donner un conseil.

— Oh ! dites, monsieur, dites.

— On m'a affirmé que vous brodiez d'une façon admirable.

— Je brode assez bien, en effet, monsieur.

— Pourquoi ne faites-vous pas des ouvrages de broderies? Cela ne vous forcerait pas à quitter votre mère.

J'y ai bien pensé, monsieur ; mais comment aurais-je pu me procurer ce genre de travail?

— Oui, c'était assez difficile. Voyons, je connais à la ville une maison qui occupe un grand nombre d'ouvrières en broderies. Voulez-vous travailler pour elle?

— De tout mon cœur, monsieur ; c'est un grand service que vous rendez à ma pauvre mère et à moi. On sera content de moi, je vous le promets, et vous verrez que j'étais digne de votre intérêt.

— J'en suis sûr d'avance, répondit le médecin.

L'ouvrage ne se fit pas attendre. Dès le surlendemain, mademoiselle Rémond reçut un certain nombre de pièces de mousseline et de batiste fine couvertes de dessins assez difficiles à exécuter.

— Maintenant, se dit-elle, ma mère ne manquera plus de rien.

Et elle se mit joyeusement au travail.

Cependant, quoiqu'elle sût parfaitement broder, elle n'avait pas l'habitude de ce travail ; elle comprit bientôt que, vu le prix minime qui lui était donné, une journée de travail lui rapporterait peu. Elle en fut d'abord attristée. Mais, retrouvant vite son courage :

— Je travaillerai la nuit, se dit-elle.

Et elle fit cela, la courageuse enfant, sans s'apercevoir qu'elle se fatiguait, que ses joues devenaient pâles, qu'elle se tuait, enfin.

Le médecin devinait tout. Il veillait sur elle.

Un jour elle reçut, de la maison pour laquelle elle travaillait, une lettre conçue en ces termes :

« Nous sommes étonnés et surtout enchantés de la promptitude avec laquelle vous exécutez nos commandes. Nous recevons chaque jour des compliments sur votre travail ; ces compliments vous reviennent de droit.

» A partir de ce jour, nous doublons les prix que nous avions fixés d'abord. »

Mademoiselle Rémond ne prit plus rien sur les heures de son sommeil ; cela ne l'empêcha pas de gagner autant qu'auparavant et même davantage.

La gêne disparut, le bien-être revint ; d'ailleurs, madame Rémond était en pleine convalescence.

Quand elle eut repris ses occupations journalières, les ouvrages de broderies, on ne put savoir pourquoi, manquèrent tout à coup.

Hélène s'en consola facilement, car ses clientes la redemandaient avec instance.

Elle se remit à couper et à coudre des robes.

Le maire de Rangecourt était, après le père Biscuit et M. Laurier, le plus riche propriétaire du pays. Il n'avait qu'un fils, lequel pouvait avoir vingt-quatre ans.

Ce jeune homme était parfaitement doué. Il réunissait les qualités du cœur et celles de l'esprit aux avantages extérieurs d'une physionomie ouverte et des plus agréables. Il était le bonheur et l'orgueil de son père.

M. Courty, ainsi se nommait le maire de Rangecourt, avait le plus vif désir de voir son fils marié.

Il ne se passait guère de jours sans qu'il lui répétât :

— A quoi songes-tu ? Marie-toi donc.

— Je suis encore jeune, répondait Jules.

— Tu as vingt-quatre ans.

— Je puis attendre encore quelques années.

— Oui, la vieillesse.

— Vous aimez à exagérer, mon père.

— Je ne veux pas te contraindre, mon garçon, mais je voudrais bien que tu fusses marié.

— Eh bien, mon père, répliquait le jeune homme en riant, je vais songer à vous contenter. Vous m'accorderez bien encore un mois ou deux, le temps de fixer mon choix.

— Certainement, certainement, deux mois, six mois, un an si tu le veux ; mais dépêche-toi.

Le lendemain, M. de Courty disait de nouveau à son fils :

— Marie-toi donc.

Et Jules répondait à peu près les mêmes paroles.

Un matin, le maire revint sur la question du mariage avec plus d'insistance encore.

— Eh bien, mon père, lui répondit le jeune homme, d'un ton sérieux cette fois, je cède à votre désir, je suis tout disposé à me marier.

M. Courty poussa une exclamation de joie.

— Je vous prierai donc, mon père, de demander pour moi, à la veuve Rémond, la main de sa fille, ajouta le jeune homme.

M. Courty poussa une nouvelle exclamation; mais celle-ci n'avait rien de joyeux.

— As-tu dit cela sérieusement ? demanda-t-il.

— Très-sérieusement, mon père.

— Mais c'est de la folie. Cette jeune fille n'a pas un écu vaillant.

— Elle possède quelque chose de plus précieux pour moi que la fortune, mon père : une vertu solide, des qualités de tout genre.

— Je t'accorde qu'elle a toutes les perfections ; mais je ne consentirai jamais à ce mariage.

— Je ne ferai rien contre votre volonté, mon père, car je ne veux pas cesser de vous respecter ; mais depuis longtemps j'ai pour mademoiselle Rémond une affection sincère, profonde ; et comme je ne crois pas qu'une autre femme puisse me rendre heureux, je vous prierai, mon père, de ne plus me parler de mariage.

— Les enfants sont tous ingrats, se dit le maire quand son fils l'eut quitté. Dès que nous voulons les empêcher de faire une sottise, ils oublient ce qu'ils nous doivent.

A partir de ce jour, il y eut un peu de froideur entre le père et le fils; ils évitaient de se rencontrer ou de se trouver ensemble, seuls, pour ne pas avoir à se parler.

Jules Courty devint triste, morose; il fuyait la société des jeunes gens et les amusements de son âge.

On aurait pu observer les mêmes symptômes chez mademoiselle Rémond, mais ils se manifestaient d'une façon plus grave encore. La santé de la jeune fille se trouva assez compromise pour inspirer à sa mère des craintes sérieuses.

Mademoiselle Rémond partageait les sentiments de Jules; malgré l'énorme différence de fortune, le jeune homme, avec trop de précipitation et d'enthousiasme, avait fait comprendre à mademoiselle Rémond que leur mariage était possible et que son père y consentirait. Elle avait caressé cette espérance. Mais tout à coup, du jour au lendemain, elle passa d'un rêve de bonheur et de joie à une réalité désespérante.

C'était un coup terrible pour cette nature délicate et privilégiée, une douleur qui pouvait devenir mortelle.

Personne dans le village ne soupçonnait les souffrances de mademoiselle Rémond. Seule, sa mère devina. Mais quelles consolations pouvait-elle adresser à sa chère enfant? Aucune. La pauvre femme sentit son impuissance, et, pour la première fois, elle envia la richesse.

Un jour, dans l'après-midi, mademoiselle Rémond, pour aller rejoindre sa mère qui travaillait aux champs, eut à traverser un clos appartenant au père Biscuit. Le vieillard s'y trouvait occupé à cueillir des cerises. En voyant la jeune fille qui passait près de lui la tête penchée, pâle et languissante comme une fleur qui va mourir, il tressaillit : il avait senti comme un coup violent frappé dans sa poitrine.

— Hélène, dit-il à la jeune fille, vous passez bien fière; venez donc manger quelques-unes de ces belles cerises.

— Bonjour, monsieur Maigrot, répondit Hélène. Excusez-moi, je ne vous voyais pas.

— Je le crois, ma fille ; sans cela vous n'auriez pas attendu que je vous parlasse le premier.

Et il ajoutait à part :

— Cette enfant est bien malade; qu'a-t-elle donc?

Il prit un panier de cerises et le vida tout entier dans le tablier de la jeune fille.

— C'est votre oncle Georges qui a greffé ce cerisier, lui dit-il.

— Oh! dans ce cas, je mangerai de ces fruits avec un double plaisir.

— Hélène, regardez donc mes pieds, reprit le vieillard d'un air joyeux, est-ce que vous ne reconnaissez pas ces pantoufles ?

— Je les reconnais très-bien, monsieur Maigrot.

— Depuis quatre ans, je les porte tous les jours. Elles me font penser à vous, Hélène, et à mon pauvre ami qui vous aimait beaucoup. Dites-moi, Hélène, s'il était encore de ce monde et qu'il vous demandât pourquoi vous êtes si pâle et si triste, est-ce que vous ne le lui diriez pas ?

La jeune fille se prit à pleurer.

— Hélène, mon enfant, reprit le père Biscuit d'une voix tremblante d'émotion, je ne suis peut-être pas aussi méchant qu'on le croit à Rangecourt ;

voulez-vous avoir confiance en un pauvre vieux qui ne tardera pas à mourir ?

— Je suis bien malheureuse, monsieur Maigrot, répondit-elle.

— Dites-moi tout, mon enfant, dites-moi tout.

— Je n'ose pas, monsieur Maigrot.

— Supposez un instant que je sois votre oncle Georges, et que ce soit lui qui vous supplie de parler. Allons, un peu de courage, voyez, je n'ai pas l'air bien terrible.

Mademoiselle Rémond, encouragée par le ton paternel du père Biscuit, se décida enfin à lui dire la cause de son chagrin.

— Je suis bien aise de savoir cela, reprit le vieillard quand elle eut fini. Ne perdez pas tout espoir, ma chère Hélène, M. Courty est un brave homme, un peu orgueilleux de sa fortune ; mais il aime beaucoup son garçon. Je suis sûr qu'il consentira à votre mariage, vous verrez.

Mademoiselle Rémond continua son chemin, songeant à ce que venait de lui dire le vieillard, mais sans y trouver un bien grand espoir.

Le père Biscuit se remit à cueillir ses cerises.

— Mon cher monsieur Courty, qu'a donc votre fils ? demandait un matin M. Laurier au maire de

Rangecourt ; depuis quelque temps, je le vois triste, rêveur; est ce qu'il s'ennuye à Rangecourt?

— Je ne le pense pas.

— Vous conviendrez, cependant, qu'il a quelque chose, une idée fixe, un chagrin...

— Oui, il est malade.

— Et vous ne le faites pas soigner?

— Oh! sa maladie n'a pas besoin de médecin.

— Vous m'étonnez, vraiment.

— Puisqu'il faut tout vous dire, Jules voudrait se marier.

— Se marier! Et c'est là ce qui le rend malade?

— Oui.

— Parbleu! voilà qui est étrange!

— Parce que vous ne savez pas tout.

— Ah! qu'y a-t-il donc encore?

— Il y a que je m'oppose au mariage.

— Vous empêchez votre fils de se marier? Mais c'est très-mal, cela ; c'est de la tyrannie.

— Mon cher ami, Jules veut épouser une jeune fille sans fortune, et vous devez comprendre...

— Non, non, je ne veux pas comprendre. Quelle est donc cette jeune fille?

— Mademoiselle Rémond.

— La perle de Rangecourt!

— Soit, mais aussi la plus pauvre fille du village.

— Mon cher Monsieur Courty, voulez-vous que nous causions très-sérieusement ?

— Je ne demande pas mieux.

—Eh bien, allons faire un tour dans votre jardin.

Les deux amis continuèrent leur conversation en se promenant côte à côte sous les arbres du verger.

Au bout de vingt minutes, ils revinrent vers la maison. Ils se donnaient le bras. La joie rayonnait sur le visage du maire. A la porte de la maison, il se trouva face à face avec son fils.

— J'allais te faire demander, lui dit-il, car j'ai quelque chose de très important à te dire.

— Je vous écoute, mon père.

— Eh bien, mon garçon, je consens à ce que tu épouses mademoiselle Rémond.

— Est-ce possible ? s'écria le jeune homme avec joie.

— La preuve, c'est que je vais, de ce pas, chez madame Rémond pour tout arranger avec elle.

— Vous êtes le meilleur des pères.

M. Courty rougit un peu et s'empressa de s'éloigner.

— Je viens de m'apercevoir, dit-il à M. Laurier,

que la reconnaissance des enfants produit quelquefois sur leurs parents un singulier effet.

M. Laurier se mit à rire, mais il ne répondit rien.

Le lendemain, le prochain mariage de Jules Courty avec mademoiselle Rémond était connu de tout Rangecourt.

— M. Laurier ne se lasse point, disaient les paysans ; sans lui, Hélène Rémond n'épouserait certainement pas le fils du maire.

Le bonheur n'empêcha pas la jeune fille de se souvenir des paroles du père Biscuit. Elle les retrouvait fidèlement dans sa mémoire et y pensait sans cesse. Elle savait que M. Laurier avait vaincu l'obstination du maire ; mais elle sentait que le père Biscuit y était aussi pour quelque chose.

Accompagnée de sa mère, elle alla l'inviter à sa noce. Le vieillard fut extrêmement touché de cette démarche.

— Ma chère Hélène, lui dit-il, je ne serai pas du nombre de vos invités, je suis bien trop vieux pour rire avec les jeunes gens ; mais je vous promets d'assister à la messe de votre mariage et de joindre mes prières à celles de vos amis.

Le jour de la cérémonie arriva bientôt.

Le père Biscuit, fidèle à sa promesse, se trouva à

l'église quand la noce s'y rendit en sortant de la maison commune. Il y avait plus de cent invités. Mais, la foule des curieux se joignant à ceux-ci, il se trouva que l'église était pleine. Les paysans remarquèrent avec surprise que M. Laurier s'était assis à côté du père Biscuit, et qu'il l'avait même salué avec une certaine déférence. Mais ils n'étaient pas à bout d'étonnements.

A la sortie de l'église, on vit le maire et M. Laurier s'approcher du vieillard avec empressement. Tous deux lui serrèrent la main ; ils se placèrent ensuite à ses côtés, et le père Biscuit, s'appuyant complaisamment sur eux, se dirigea vers sa maison.

Ce fait extraordinaire fut commenté de mille manières. Le mariage du fils du maire n'était plus qu'un événement secondaire ; on en parla à peine. L'attention des habitants de Rangecourt s'arrêta de nouveau sur le père Biscuit.

— M. Laurier a formé le projet de ramener ce vieux pécheur de père Biscuit à de meilleurs sentiments, dit-on ; c'est encore une bonne action qu'il voudrait faire. Réussira-t-il ?

Depuis quelque temps les forces du père Biscuit diminuaient chaque jour. Ses jambes n'allaient plus, son regard s'était éteint, et sa haute taille, si droite autrefois, se courbait de plus en plus. Il était rare de le voir sortir de chez lui. Le curé de Rangecourt lui faisait de fréquentes visites.

— Le père Biscuit n'a plus guère à vivre, se disaient les paysans. Il va aller là-haut rendre compte de tous ses méfaits.

Au commencement de décembre, le vieillard fut obligé de prendre le lit. Sa santé était entièrement usée. M. Laurier vint s'installer près de lui, avec l'intention de lui tenir société jusqu'à son dernier moment.

— La conduite de M. Laurier est sublime, dirent les paysans.

Il leur donnait, en effet, un magnifique exemple de charité chrétienne.

On se demanda ce qu'allait devenir la belle fortune laissée au père Biscuit par Georges Durandeau.

On interrogea plusieurs fois M. Laurier à ce sujet.

— Je l'ignore, répondait-il toujours.

Cependant le bruit courait dans le village, que le père Biscuit avait fait un testament, lequel était déposé entre les mains de M. Hémard, le notaire.

La famille Durandeau paraissait se soucier fort peu de ce qu'allait devenir l'héritage dont elle avait

9.

été dépouillée. Cela étonnait tout le monde. On disait :

— Ils n'étaient pas aussi tranquilles quand le vieux Durandeau est mort. En ont-ils dit, ont-ils crié, à cette époque ! Aujourd'hui, ils gardent le silence. On voit bien qu'ils peuvent se passer de l'argent qui, après tout, leur appartient.

Le 24 décembre, veille de Noël, le père Biscuit rendit son âme à Dieu.

On le devine, la nouvelle de cette mort ne fut pas accueillie par des lamentations. Le père Biscuit n'avait rien fait pour être regretté.

— Le village ne fait pas une grande perte !

Voilà ce que tout le monde pensait.

L'enterrement eut lieu le lendemain de Noël. Il n'y eut peut-être pas vingt personnes qui assistèrent à la triste cérémonie. Pauvre père Biscuit ! les enfants, devenus des hommes, ne se souvenaient plus des grandes poches de la veste de droguet dans lesquelles il avaient trouvé tant de fois des friandises.

Son testament, car il en avait réellement fait un, déclarait que la volonté du testateur était de remettre, intact, l'héritage de Georges Durandeau à ses héritiers légitimes, les obligeant, toutefois, à servir une rente convenable aux anciens serviteurs de leur oncle, leur vie durant.

Le testament disait encore :

« Je ne veux pas seulement faire riche la famille de mon ami ; mais je veux qu'elle soit digne de la fortune immense dont j'ai été le gardien et que je leur rends.

» Si les parents de Georges Durandeau n'étaient devenus meilleurs, s'ils n'avaient point su se corriger, je croirais agir selon la volonté de mon ami en léguant ses biens aux hospices.

» Ce qu'ils sont aujourd'hui me donne l'assurance qu'ils sauront faire un bon emploi de leur richesse. »

Quelques jours plus tard, on apprit que M. Laurier avait quitté Rangecourt pour n'y plus revenir.

On voulut savoir pourquoi.

Le maire et le curé furent interrogés tour à tour.

On sut bientôt que M. Laurier était un ancien officier en retraite, qu'il avait servi en même temps que le père Biscuit, et que celui-ci lui avait sauvé la vie dans un combat.

C'était à la prière du père Biscuit qu'il était venu s'établir à Rangecourt, où, pendant près de cinq ans, il n'avait été que son mandataire.

Alors tout fut expliqué.

Le père Biscuit s'était caché, s'était fait haïr

même, pour mieux faire le bien. Avant de mettre les héritiers Durandeau en possession de la fortune de leur parent, il avait voulu les guérir de leurs vices. Et on l'avait méconnu !...

On versa des larmes d'attendrissement. Il y eut des repentirs sincères.

La famille Durandeau donna l'exemple.

Quand revint le printemps, la tombe du père Biscuit fut, chaque jour, couverte de fleurs nouvelles.

Son nom, presque dans tous les cœurs, était répété par toutes les bouches.

On racontait sa vie aux enfants. Tous savaient par cœur les belles actions qu'il avait faites.

L'histoire que nous venons de redire vieillira comme toutes choses ; mais le nom du père Biscuit ne sera jamais oublié.

Si, un jour, vous allez à Rangecourt, vous verrez le tombeau qu'il a fait élever à la mémoire de son ami Georges Durandeau et dans lequel il repose. Il est toujours chargé de fleurs et de couronnes.

Il y en a un grand nombre de fanées ; mais, chaque jour, vous en verrez de nouvelles qui ont été apportées le matin.

Si vous voulez savoir par qui, on vous nommera madame Jules Courty.

On vous racontera aussi la vie du père Biscuit. Tout le monde la connaît. Vous saurez qu'on ne l'appelle plus autrement que le père de Rangecourt.

L'ANNEAU DU PRINCE

I

L'été touchait à sa fin ; les prairies n'étaient plus émaillées de fleurs, plus de danses sous la feuillée, plus de douces rêveries, le soir, à l'ombre des grands chênes. Le rossignol se taisait ; le papillon, aux ailes d'or et d'azur, ne se jouait plus parmi les roses, et les premiers souffles de l'automne bruissaient tristement dans les arbres.

C'était vers le milieu du mois de septembre. Des nuages gris, épais, couraient dans le ciel et descendaient sur l'horizon. La nuit commençait.

Un homme, à la démarche hardie, à l'air imposant, suivait la longue avenue bordée de hêtres qui conduit au château de Wessenberg. Sa figure, mâle et pleine de fierté, disparaissait presque entièrement sous un chapeau de feutre à larges bords; ses pieds étaient chaussés de grosses bottes à revers; et son corps d'athlète se drapait majestueusement dans un long manteau noir; il portait, suspendu à une bandoulière, un lourd fusil de chasse.

A le voir marcher rapidement, on aurait pu croire qu'il avait hâte d'arriver au château, dont la gigantesque silhouette, encadrée de grands arbres qui semblaient vouloir s'élever à la hauteur des deux tours, se dessinait sur un fond brun ; mais, arrivé à environ cent pas du pont-levis, il prit un sentier à droite et continua de marcher au milieu du silence de la nuit. Après avoir décrit un demi-cercle assez prolongé, qui le ramena au pied de la principale tour du château, il s'arrêta. Pendant quelques minutes il regarda la tour crénelée avec une attention étrange; un profond soupir s'échappa de sa poitrine, et il s'appuya triste et songeur contre le tronc d'un vieux hêtre.

Il resta longtemps ainsi, la tête penchée sur son sein et le regard fixe. On aurait dit une statue de marbre noir pleurant sur un tombeau. Les lumières du château s'étaient éteintes ; on n'entendait plus que les grincements de fer des girouettes et les cris des oiseaux de nuit qui tournoyaient au sommet du donjon.

Bientôt minuit sonna au clocheton de la chapelle. Le voyageur releva la tête ; deux éclairs jaillirent de ses yeux et passèrent à travers la nuit, pour aller s'éteindre sur une lucarne ronde percée au flanc de la tour. Au même instant, une lumière parut à cette ouverture et illumina de ses rayons l'arbre sous lequel se tenait le voyageur.

— Enfin ! murmura-t-il.

Et un sourire de triomphe glissa sur ses lèvres. Puis, arrondissant sa main autour de sa bouche, il imita à s'y méprendre, le miaulement d'un chat. C'était sans doute un signal convenu, car une figure de vieillard s'encadra aussitôt dans la lucarne. Le voyageur s'avança jusqu'au pied de la tour. Une pierre lancée par le vieillard tomba près de lui ; il la ramassa vivement, détacha un objet enveloppé dans un morceau de toile qui y était fixé et se redressa pour envoyer un remercîment à l'homme de la tour ; mais déjà la figure et la lumière avaient disparu.

Alors, croisant ses bras sur sa poitrine, l'inconnu regarda avec fierté les murailles du manoir.

— L'heure de la justice et de la réparation va sonner, dit-il; l'antique demeure des nobles barons de Wessenberg a vu trop longtemps le lâche et le traître, paisible possesseur d'un bien qui n'est pas à lui. Tressaillez dans vos tombeaux, cendres des Wessenberg; soulevez les marbres qui vous couvrent : le dernier de vos fils va revenir au milieu de vous : sa main rallumera la lampe qui depuis bientôt quinze ans, n'éclaire plus la crypte où vous dormez. Ce jour là, moi, je serai vengé et peut-être pardonné. Vengé, car Wilfred devra rendre compte de tous ses crimes, car sa bannière qui flotte sur ces murs, tombera dans la poussière.

En achevant ces paroles, le voyageur s'éloigna rapidement, et bientôt sa haute taille disparut dans la nuit.

II

Pénétrons à l'intérieur du château de Wessenberg. Dix heures viennent de sonner. Enveloppé d'une robe de chambre en velours rouge, le maître du logis est assis dans un large fauteuil, devant une cheminée gothique. Ses pieds, chaussés de pantoufles, sont posés sur les chenets. En véritable allemand, il fume une grosse pipe, et une douzaine de pots de bière, les uns pleins, les autres vides, sont placés près de lui sur une table de chêne. C'est un homme d'une cinquantaine d'années, grand, sec, au regard haineux, aux mouvements brusques; son œil fauve, qui roule continuellement dans son orbite et cligne d'une façon singulière, indique la fausseté; ses cheveux roux, sa barbe inculte également rousse, donnent à sa figure jaune et osseuse une expression sauvage.

Après avoir allumé une seconde pipe, le seigneur de Wilfred, — c'est le nom que porte cet homme — agita le cordon d'une sonnette placé à portée de sa main.

Un domestique parut.

— Jonas, dit le maître d'une voix rude et enrouée, appelez mes gens.

Le domestique s'inclina profondément et sortit.

Au bout de quelques minutes, le personnel du château se trouvait devant Wilfred.

— Avez-vous accompli mes ordres? demanda-t-il en interrogeant du regard les domestiques tremblants.

— Oui, monseigneur, répondirent-ils tous ensemble.

— C'est bien. Wurthus a payé son amende de cinq thalers ?

— Oui, monseigneur, répondit une voix.

— Le jeune Brower a été mis en prison ?

— Oui, monseigneur, répondit une autre voix.

— Et ce vieillard arrêté pour avoir pêché dans le grand étang ?

— On lui a rendu la liberté, monseigneur, son fils ayant payé pour lui l'amende de trois risdales.

— Et Franz Schonn ?

— Il n'a pu payer sa redevance, monseigneur, et, suivant vos ordres, il a été emprisonné.

— Franz Schonn, dit un vieux serviteur, qui, les yeux baissés, se tenait derrière les autres, a été malade pendant trois mois; c'est ce qui l'a arriéré. Franz est un brave et digne homme, le seul soutien de sa mère infirme et d'une pauvre orpheline que sa femme avait recueillie. Si on lui ôte le moyen de travailler, comment les deux créatures qu'il aime vivront-elles ? Si j'osais demander à monseigneur la liberté de Franz ?

— Assez, Hubert, interrompit Wilfred en lançant au vieillard un regard foudroyant; depuis quand ose-t-on s'élever contre ma volonté? Rappelle-toi que je t'ai gardé ici par pitié et pour que tu me serves fidèlement comme tu as servi tes anciens maîtres.

Le vieux serviteur courba la tête; sa figure douce, empreinte de bonhomie, exprima une tristesse profonde.

Hubert était âgé de soixante-douze ans; il avait guerroyé dans sa jeunesse et, dans un combat, sauvé la vie au baron de Wessenberg, son capitaine. Lorsque le baron quitta le service pour jouir des dernières années de sa vie près d'une épouse aimée et son fils unique, il se souvint du soldat à qui il devait de vivre encore; il l'amena avec lui au château et le fit son intendant. Hubert, dans ses fonctions, donna toutes sortes de preuves de sa fidélité et de son dévoûment; aussi, plus tard, lorsque son protecteur mourut, le jeune baron conserva près de lui l'intendant de son père, à qui il accorda toute sa confiance.

Enfin, quand le jeune seigneur, frappé par le malheur, fut violemment arraché à sa vie paisible et que Wilfred entra en maître à Wessenberg, Hubert fut encore gardé au château, non plus comme intendant, mais comme un homme nécessaire, car nul ne connaissait aussi bien que lui le rapport des immenses propriétés de la baronnie.

Hubert, qui avait compté finir ses jours au château, au service de son maître, accepta sa nouvelle condition, mais plutôt par habitude que pour servir le nouveau seigneur. Du reste, Wessenberg était la vie de ce brave homme ; son parc magnifique, ses belles prairies et ses grands bois, étaient pour Hubert l'oasis dans un coin du désert.

Un silence de quelques secondes avait succédé aux paroles sévères adressées par Wilfred à l'ex-intendant.

— Je sais ce que je voulais savoir, dit le maître, retirez-vous ; Gaspard, reste.

Gaspard était le confident de Wilfred ; c'était un homme méchant, la terreur des autres serviteurs, sur lesquels il exerçait une surveillance tyrannique, aussi le détestaient-ils cordialement. Cruel envers ceux qu'il savait trop faibles pour lui répondre, il devenait lâche avec les autres ; devant son maître, il descendait jusqu'à la bassesse. Il passait pour le plus fin tireur du pays, et Wilfred qui aimait passionnément la chasse, en avait fait son premier piqueur.

Quand les autres domestiques furent sortis, Gaspard, sur un signe de son maître, vint s'asseoir près de lui.

— Eh bien! Gaspard, dit Wilfred, renversant sa tête sur le dos de son fauteuil; qu'y a-t-il de nouveau? Que dit-on de moi? mes paysans sont-ils contents?

— En pouvez-vous douter, monseigneur; n'êtes-vous pas le meilleur des maîtres? Votre sagesse, votre bonté et votre justice vous font bénir. Les barons de Wessenberg sont oubliés, et notre désir à tous est de vous voir prendre le nom de Wilfred Wessenberg.

— Oui, je porterai ce titre, reprit Wilfred en souriant avec satisfaction, je l'obtiendrai sûrement du prince. Mais j'ai voulu, avant de contenter mon ambition, faire oublier le dernier des Wessenberg.

— Vous avez réussi, monseigneur.

— C'est vrai; mais j'ai encore une crainte.

— Vous, monseigneur?

— Le baron peut sortir de prison.

— Croyez-vous qu'il en percera les murs? fit Gaspard en riant.

— Ma crainte, je le sais, est insensée, car il est à jamais perdu dans l'esprit du prince; cependant je ne puis éloigner de moi certaines terreurs. Plusieurs fois, dans la nuit, j'ai eu des visions étranges. Le baron m'apparaît traînant derrière lui de lourdes chaînes ; ses yeux hagards me lancent des flammes au visage ; sa main lourde, une main de cadavre, se pose sur ma tête, et j'ai froid par tout le corps ; un bloc de granit semble peser sur ma poitrine, ma respiration s'arrête, et un horrible bruit de fer déchire mes oreilles.

— Cela prouve, monseigneur, la bonté de votre âme ; vous plaignez le prisonnier et vous avez pitié de ses souffrances.

— Tu as sans doute raison, Gaspard ; j'ai tort de m'attrister au souvenir du baron. Maintenant, dis-moi, a-t-on enfin découvert cet audacieux chasseur, qui depuis quelque temps semble vouloir dépeupler mes forêts ?

A cette question, Gaspard fit un bond comme s'il eut été poussé par un ressort et se trouva debout ; l'effroi se peignit sur son visage.

— Eh bien ? fit Wilfred qui attendait une réponse.

— Non, répondit enfin le piqueur.

— Et son nom, le sait-on ?

— C'est... c'est le Chasseur noir.

— Le Chasseur noir ! qu'est-ce que le Chasseur noir ? J'en entends parler depuis longtemps. Qu'on se saisisse de lui, qu'on me l'amène; je le ferai pendre à la flèche de la tourelle.

En prononçant ces paroles, Wilfred s'était levé et se promenait à grands pas dans la salle en proie à un violent accès de colère. Au bout d'un instant, il s'arrêta devant Gaspard.

— Parle, lui dit-il; pourquoi le Chasseur noir n'est-il pas encore en ma puissance ? Serais-tu lâche.

Et ses yeux injectés de sang, lancèrent sur le piqueur un regard qui le fit frissonner.

— Pardon, monseigneur, balbutia-t-il, mais...

— Mais... Parle, te dis-je.

— On ne peut se saisir de lui ; c'est un être surnaturel qu'on ne rencontre nulle part. On dit qu'il a l'enfer à ses ordres.

— Et tu crois à tous ces contes absurdes?

— Je l'ai vu, monseigneur ; c'est le diable en personne.

— Ah! tu l'as vu, alors je le verrai aussi, moi, s'écria Wilfred. On ne le trouve nulle part ? Eh bien! moi, je le trouverai. Demain, au point du jour, tiens-toi prêt avec nos chasseurs, je veux chasser dans la forêt.

Gaspard sortit.

La colère de Wilfred se calma peu à peu ; il se

10

plongea de nouveau dans son fauteuil, avala un pot de bière d'un seul trait et se remit froidement à fumer sa pipe, en songeant que le lendemain, sans doute, il aurait la joie de faire pendre l'insolent braconnier.

III

Le château de Wessenberg est assis au flanc d'un coteau couronné d'arbres géants. Dans l'immense vallée qu'il domine et semble protéger, une douzaine de villages et autant de châteaux apparaissent de loin comme d'énormes taches d'encre dans la verdure. Cependant tous les paysages sont riants et pittoresques. En contemplant les grands bois qui bleuissent sous les yeux et semblent finir où le ciel paraît s'abaisser, on éprouve quelque chose de doux et triste à la fois, un sentiment d'admiration profonde qui élève l'âme et fait songer à l'éternité.

Le village de Wessenberg est bâti au pied du château ; les maisons sont plantées, sans ordre, à droite et à gauche ; mais, par une disposition assez singulière, toutes regardent le château, comme pour témoigner qu'elles reconnaissent son autorité.

Une seule habitation, éloignée des autres d'environ un demi kilomètre, n'est point soumise à cette règle bizarre : sa façade est tournée vers le soleil levant. Un petit ruisseau qui jase en courant parmi les fleurs sans nombre, baigne la haie de son verger, planté d'arbres à fruits. Cette jolie maisonnette était habitée, à l'époque de ce récit, par Franz Schonn, cet homme dont l'ex-intendant a plaidé la cause. Au temps des barons de Wessenberg, c'était le logement affecté au premier garde-chasse. Franz occupait alors une modeste maison au centre du village. Bon travailleur, courageux, doux et patient, Franz supportait sans se plaindre sa triste condition.

Il avait placé son bonheur et toutes ses joies sur les têtes de deux êtres bien chers, sa femme et sa vieille mère aveugle. Pour elles, il ne sentait point la fatigue du travail : dans l'accomplissement du devoir il trouvait sa force. Sa femme, du reste, le récompensait grandement ; elle partageait l'affection dévouée de son cœur entre sa mère et lui. Économe et bonne ménagère, elle apportait dans tout un ordre intelligent, et malgré leurs faibles ressources, elle était parvenue à faire entrer dans le ménage une certaine aisance.

Mais cette existence presque heureuse ne tarda pas à changer lorsque Wilfred arriva à Wessenberg. Soumis à son autorité tyrannique, les vassaux furent obligés de doubler les heures de travail pour répondre à de dures exigences; ils souffrirent sans se plaindre, comprenant trop bien qu'avec un maître comme Wilfred, les réclamations seraient vaines.

Un soir, à une heure assez avancée de la nuit, la porte de la maison de Franz s'ouvrit et se referma doucement sur un étranger, enveloppé mystérieusement dans un ample manteau noir.

— Franz, dit l'inconnu en posant sur les genoux de la jeune femme une petite fille de deux à trois ans, tu es un honnête homme, un brave cœur; tu n'as pas d'enfant, adopte cette petite fille et élève-la comme si elle était la tienne. Un jour tu seras récompensé de tout le bien que tu lui feras; elle deviendra la joie et la fortune de ta maison.

— Seigneur, répondit Franz au comble de la surprise, je le ferais volontiers; mais comment élèverions-nous cette enfant? nous sommes si malheureux!... Pardonnez-moi si je vous refuse, monseigneur; mais je croirais mal agir en acceptant, car je vouerais votre fille à la misère.

— Tu as une belle âme, Franz; mais rassure-toi, et éloigne tes scrupules; prends cette bourse, elle est pleine de ducats.

— C'est trop, beaucoup trop, s'écria Franz; je ne saurais que faire de tout cet or.

— Écoute, reprit l'étranger, la maison du garde est à vendre, achète-la avec les quelques pièces de terre qui en dépendent, cela diminuera ton trésor. Le reste servira à élever l'enfant. Acceptes-tu? ajouta-t-il après un moment de silence.

— Oui, répondit Franz.

— Bien! Sois pour cette enfant un père. C'est un dépôt précieux et sacré que je te confie; veille sur lui.

— Comment l'appellerons-nous? demanda Franz.

— Marthe est son nom. Pour le moment elle n'en a pas d'autre.

Pendant que les deux hommes échangeaient ces paroles, que l'aveugle écoutait avec curiosité, la petite Marthe jouait avec les boucles de cheveux de la jeune femme.

L'étranger considéra un instant ce tableau avec attendrissement, puis, se penchant vers l'enfant, il l'embrassa sur le front et se dirigea vers la porte.

— Franz, dit-il avant de sortir, tu me reverras encore une fois, le jour où je viendrai te réclamer le dépôt que je te confie.

Franz s'était levé pour reconduire le mystérieux inconnu; mais celui-ci sortit vivement en fermant la porte sur lui.

Franz revint près de sa femme et regarda la petite Marthe avec tendresse. La paternité commençait pour lui.

— Nous l'aimerons bien, n'est-ce pas, Franz? dit la femme.

— Oui, nous l'aimerons.

Et il embrassa l'enfant sur ses joues roses.

— Les bénédictions du ciel descendent dans ta maison, mon fils, dit gravement l'aveugle.

Comme si elle eût compris ces paroles, Marthe ouvrit ses petits bras et les tendit à l'aveugle. La vieille femme, à qui sa bru porta l'enfant en lui disant le geste qu'elle venait de faire, la serra sur son cœur en pleurant.

— C'est un ange! s'écria la femme de Franz.

Quant à lui, l'émotion l'empêchait de parler.

Quelques jours après, Franz acheta la maison du garde et s'y installa avec sa famille.

Comme l'avait dit l'inconnu, Marthe devint la joie de la maison. A mesure qu'elle avança en âge, les vertus de la jeune fille succédèrent aux grâces de l'enfant. Sa tendresse pour ses parents d'adoption était toute filiale. Elle devint l'enfant chérie de la vieille aveugle, qui voulait l'avoir constamment près d'elle.

De son côté, Marthe aimait la société de la vieille femme, qui l'intéressait en lui racontant les vieilles légendes du pays. Quand elle fut assez grande pour diriger les pas de l'aveugle, elle ne permit plus ni à Franz ni à sa femme de la conduire.

— J'ai maintenant deux anges gardiens, disait la bonne vieille femme : celui du bon Dieu et Marthe.

Elle ne se trompait pas, car Marthe avait pour elle toutes sortes d'attentions délicates et de soins empressés.

A dix-sept ans, Marthe était la ravissante jeune fille que rêvent les poètes, la Clarisse de Richardson, la Marguerite créée par Gœthe. Ses cheveux, blonds, longs et bouclés, rappelaient ceux d'une Vierge de Raphaël. Le fin profil de son visage, ses yeux bleus, limpides et doux, voilés à demi par de longs cils, faisaient songer à ces anges et à ces saintes que fra Angelico de Fiesole cherchait dans le ciel.

Depuis quelques années que Franz était devenu veuf, la jeune fille remplaçait sa femme dans les soins du ménage.

Comme nous l'avons dit plus haut, une maladie avait condamné Franz à un repos forcé de plusieurs mois, et, à peine rétabli, le justicier du châtelain venait de le jeter dans un cachot.

Le lendemain de son arrestation, sa vieille mère pleurait, accroupie devant l'âtre sans feu, et le visage caché dans ses mains amaigries. Marthe, à genoux près d'elle, tâchait vainement de la consoler.

— Ils me l'ont pris, mon Franz, disait la pauvre mère. Ah ! ce Wilfred n'a point d'âme ! Mais il est père aussi, Dieu le punira.

— Mère, calmez-vous, Franz vous sera rendu, dit Marthe en essuyant les larmes de l'aveugle.

— Tu ne connais pas Wilfred, mon enfant : rien n'égale sa cruauté ; c'est lui qui a perdu notre bon seigneur de Wessenberg ; il me tuera aussi mon fils.

Et la voix de la bonne femme fut étouffée par un sanglot.

Tout à coup Marthe se redressa ; son visage rayonnait. Une idée, une lueur d'espoir venait de surgir dans sa tête.

— J'aurai sa grâce! s'écria-t-elle; Franz vous sera rendu, mère !

— Que veux-tu dire ?

— Je vais aller au château ; je verrai Mademoiselle Thérèse et lui parlerai de vous. Elle a à peu près mon âge, mes pleurs l'attendriront et elle aura pitié de nous.

L'aveugle secoua tristement la tête.

— Le cœur de la fille ne doit pas être meilleur que celui du père, dit-elle.

— Espérons, mère, reprit Marthe. Quelque chose me dit que je réussirai.

— Que le ciel le veuille et qu'il te protège, chère enfant !

Marthe s'enveloppa dans un châle de laine, se coiffa d'un bonnet de velours noir et sortit.

Mlle Thérèse pouvait avoir une année de moins que Marthe, ses cheveux avaient la couleur de ceux de son père. Son front était bas, et ses yeux petits et louches, ce qui leur donnait une expression méchante. Elle ne riait jamais de bon cœur ; parfois, seulement, un sourire qui ressemblait à une grimace, écartait ses deux lèvres en les ridant, pour laisser voir deux rangées de dents larges et jaunâtres. Telle était, avec beaucoup d'orgueil, beaucoup de vanité et un caractère bizarre et capricieux, la noble demoiselle Thérèse de Wilfred, châtelaine de Wessenberg.

Elle changeait cinq à six fois de toilette dans une journée, passait plusieurs heures à s'admirer dans une glace, et le reste de son temps à maltraiter ceux qui la servaient.

Elle n'aimait ni la lecture ni le travail ; la paresse était son idole.

Nonchalamment étendue dans un moelleux fauteuil, elle caressait de la main le dos d'un petit épagneul blanc qui sommeillait sur ses genoux.

Une femme de chambre entra dans l'appartement.

L'épagneul dressa les oreilles et gronda sourdement.

— Mademoiselle, c'est une jeune fille du village qui demande à vous parler, dit la femme de chambre.

— Une paysanne! fit Thérèse avec mépris sans changer de position.

— Puis-je l'introduire, mademoiselle?

— Non ; je ne me dérange pas pour si peu.

Puis, se ravisant, elle ajouta :

— Oui, faites-la entrer.

La femme de chambre sortit et revint au bout d'un instant, conduisant Marthe.

Le chien fit entendre un nouveau grondement et

montra ses dents blanches et pointues à la jeune fille.

— Taisez-vous, Zerbin, lui dit sa maîtresse en le câlinant.

Et, s'adressant à Marthe :

— Que me voulez-vous? ajouta-t-elle.

Le ton rude dont ces paroles furent prononcées, fit venir les larmes aux yeux de la pauvre enfant. Elle s'avança tremblante et les yeux baissés.

— Franz Schonn, mon père adoptif, a été mis en prison par ordre de monseigneur votre père, mademoiselle, dit-elle de sa voix douce et touchante. Ah! soyez bonne, soyez généreuse ; vous obtiendrez facilement un délai pour le payement de ce qu'il doit, et il sera mis en liberté. Vous serez récompensée par le bonheur que vous aurez rendu à sa bonne mère.

Thérèse fit un mouvement d'impatience.

— Si vous saviez combien elle est malheureuse ! ajouta Marthe.

— Je ne connais pas Franz Schonn, dit Thérèse : tant pis pour lui s'il a mérité la colère de mon père ; c'est sa faute.

— Sa faute ! mademoiselle, oh non ! croyez-le.

— Voulez-vous dire que votre seigneur est injuste ?

— Je ne dis pas cela, mademoiselle ; cependant...

— Que Franz Schoon acquitte sa dette et il sera libre.

— Comment voulez-vous qu'il fasse ?

— Cela ne me regarde point.

En disant ces paroles, Thérèse s'agita dans son fauteuil et tourna le dos à la suppliante. L'épagneul, qui semblait partager les sentiments de sa maîtresse pour Marthe, s'élança sur le parquet, courut à la jeune fille et la mordit à la jambe.

Marthe jeta un cri de douleur, et, en se reculant brusquement, elle marcha sur la patte du chien, qui se mit à pousser des plaintes affreuses.

Thérèse, pourpre de colère, bondit au milieu de la salle.

— Petite misérable ! s'écria-t-elle en s'avançant furieuse vers Marthe, vous avez battu Zerbin. Sortez à l'instant, ou je vous fais jeter dehors par mes valets.

La pauvre enfant s'éloigna en adressant à la noble demoiselle un regard de douloureux reproche.

Elle sortit du château triste et désespérée, et reprit en pleurant le chemin de la chaumière. Mais au bout d'un instant, les jambes lui manquèrent, et elle fut forcée de s'asseoir sur une pierre au bord de la route.

Pauvre Marthe! elle sanglotait, le visage caché dans ses mains. Elle avait eu un espoir, et cet espoir venait d'être déçu. Qu'allait-elle faire? Qu'allait devenir la pauvre aveugle?

Tout à coup le bruit des pas de plusieurs chevaux frappa son oreille. Elle releva vivement la tête. Plusieurs cavaliers se trouvaient en face d'elle.

Celui qui paraissait être le chef de la troupe — un tout jeune homme — ayant vu les pleurs de Marthe, mit aussitôt pied à terre et s'approcha d'elle avec bonté.

— Pourquoi pleurez-vous? lui demanda-t-il.

Marthe raconta l'arrestation de Franz, la douleur de sa vieille mère et sa démarche inutile près de Thérèse.

— Quelle est donc la somme que doit votre père? demanda le jeune homme.

— Cinq ducats, monseigneur, répondit Marthe.

— Les voici, répondit le cavalier.

Et il tendit sa bourse à la jeune fille. Puis, sans

attendre qu'elle le remerciât, il rejoignit ses compagnons et se remit en selle.

— Comment trouvez-vous cette jeune fille, comte? demanda le jeune homme après un temps de galop, au cavalier qui marchait près de lui.

— Elle porte sur son visage une empreinte de noblesse et de vertu qui rehausse son incomparable beauté.

— C'est en effet la plus charmante personne que j'aie jamais vue; elle ne serait pas déplacée à la cour.

Marthe se hâta de rejoindre l'aveugle. Le soir même elle paya les cinqs ducats dus par Franz, et, une heure après, sa mère le pressait sur son cœur.

IV.

L'aurore blanchissait l'horizon; à l'orient, les nuages se coloraient : le soleil allait se lever.

Une douzaine d'hommes en costume de chasse, à cheval et armés, se trouvaient réunis dans la cour du château de Wessenberg, attendant les ordres de Gaspard.

— Nous chassons aujourd'hui dans la forêt des aulnes, dit l'un de ces hommes.

— Oui, répondit un autre, mais les pièces y deviennent rares.

— Le Chasseur noir leur fait une rude guerre, reprit un troisième.

— Si j'en crois quelques paroles échappées à Gaspard, dit le plus âgé de la troupe, nous n'allons pas seulement courir le cerf aujourd'hui, mais aussi le Chasseur noir.

— Le Chasseur noir! répétèrent plusieurs voix.

— Oui, il paraît que le maître veut lui-même le forcer jusque dans son repaire.

— Est-ce possible? Voilà une folie que nous pourrons payer cher.

— Silence ! dit une voix, voici monseigneur.

Wilfred, en effet, monté sur un magnifique cheval bai-pommelé, venait de paraître dans la cour, suivi de Gaspard.

Ce dernier se mit à la tête des chasseurs et donna le signal du départ. A une demi-lieue du château les cavaliers rencontrèrent d'autres chasseurs qui conduisaient la meute, quarante chiens environ.

Quand on eut pénétré dans l'intérieur de la forêt, Gaspard fit arrêter ses hommes et leur donna différents ordres. Bientôt les chiens s'élancèrent en aboyant dans les fourrés ; les chasseurs se dispersèrent et la chasse commença. Dix minutes après, les cris de la meute annoncèrent une découverte; les sons du cor retentirent de toutes parts ; le cerf était lancé.

Dans toutes les chasses, Wilfred se réservait l'honneur de tirer le premier coup de fusil. Aussi chaque chasseur attendait comme un signal le premier feu du seigneur.

Wilfred s'était porté vers un endroit désigné par Gaspard, et par où le cerf devait passer. En effet, les aboiements des chiens se rapprochèrent insensiblement de cette partie de la forêt, et bientôt la bête bondit dans une large clairière. Wilfred la mit en joue et allait faire feu lorsque deux détonations se firent entendre. Le cerf fit un bond énorme et roula sur l'herbe, qu'il teignit de son sang.

Wilfred poussa un cri de colère et s'élança vers l'endroit où devait se cacher l'audacieux chasseur.

Un éclat de rire sardonique retentit à deux pas de lui, et il se trouva en présence d'un homme de haute taille qui, appuyé sur le canon de son fusil, le regardait d'une façon étrange.

— Qui es-tu? lui demanda Wilfred d'un ton impérieux.

— Je suis l'ami du seigneur de Wessenberg, répondit le chasseur d'une voix railleuse.

— Tu mens, s'écria Wilfred, car je suis le seigneur de Wessenberg, et je ne te connais pas.

— Allons donc ! Wilfred, tu me connais très-bien.

— Quel est ton nom?

— J'en ai plusieurs; mais tout le monde m'appelle le Chasseur noir.

— Le Chasseur noir ! s'écria Wilfred, ne pouvant se défendre d'un sentiment de terreur ; ah ! je te rencontre enfin ; tu ne m'échapperas pas.

Il prit un pistolet pendu à sa ceinture et déchargea les deux coups sur le chasseur.

Un rire strident répondit à cette attaque. Wilfred se sentit saisir par une jambe : son cheval se déroba sous lui, et il tomba lourdement sur le sol.

Le Chasseur noir fit briller un poignard au-dessus de sa tête.

— Grâce, Grâce ! cria Wilfred en tremblant de tous ses membres.

— Oui, grâce, car ton heure n'est pas encore venue. Nous nous reverrons bientôt, Wilfred; nous avons un vieux compte à régler ensemble.

En achevant ces paroles, le Chasseur noir s'enfonça dans le taillis et disparut.

Gaspard et les autres chasseurs arrivaient en ce moment près de Wilfred. Ils l'aidèrent à remonter à cheval.

Wilfred, sombre et la figure bouleversée, donna l'ordre de retourner au château. Il ne dit pas un mot de sa rencontre avec le Chasseur noir.

V

Quinze jours se sont écoulés. La figure de Wilfred est devenue plus jaune encore, et ses yeux fauves ont des mouvements plus rapides. Des rêves effrayants troublent son sommeil; il pousse parfois des cris affreux et se tord comme un damné dans sa rage impuissante. Il ne voit personne; Gaspard lui-même ose à peine lui parler. Les remords déchirent l'âme du seigneur Wilfred.

Le jour touchait à sa fin. Franz Schoon, assis devant le feu entre sa mère et Marthe, se reposait des travaux de la journée, écoutant une lecture que faisait la jeune fille. L'aveugle, suspendue en quelque sorte aux lèvres de Marthe, ne perdait pas un mot de l'intéressante lecture. Franz, lui, était soucieux ; il regardait la jeune fille avec une tristesse indéfinissable. Deux larmes qu'il ne put retenir, s'échappèrent de ses yeux et coulèrent le long de ses joues.

Marthe, qui l'observait depuis quelques instants, vit ces deux larmes et cessa de lire aussitôt.

— Qu'as-tu, père? dit-elle. Pourquoi es-tu triste ce soir? Dis-nous tes chagrins.

Franz étouffa un soupir.

— Qu'y a-t-il, Marthe? demanda l'aveugle, qui ne comprenait rien à cette scène.

— Franz est triste, bonne mère, il nous cache quelque chose.

— Est-ce vrai, mon fils?

— Oui, mère, je suis triste. Marthe va nous quitter.

— Marthe nous quitter!... s'écria l'aveugle.

La jeune fille regardait Franz avec étonnement.

— Il le faut, répondit Franz ; Marthe est un dépôt qui m'a été confié, et que l'on me réclame.

— Tu as donc revu l'homme noir? demanda l'aveugle.

— Je l'ai revu. « Marthe, m'a-t-il dit, va bientôt quitter ses habits de paysanne ; son père va lui être rendu. Qu'elle vienne ce soir, seule, à dix heures, au carrefour de la Croix, j'y serai. Demain, avant que le soleil se couche, elle embrassera son père. »

— Ciel! s'écria l'aveugle, voilà la demie de huit heures qui sonne.

— Dans deux heures, Marthe ne sera plus notre fille, dit Franz en pleurant.

— Je veux toujours l'être, entends-tu, Franz? dit la jeune fille en entourant de ses bras le cou de son père adoptif.

— Tu n'iras pas au carrefour de la Croix, n'est-ce pas, Marthe? demanda l'aveugle.

— Mère, il le faut, reprit Franz. Songez qu'il s'agit du bonheur de Marthe.

— Que vais-je devenir sans mon ange gardien? s'écria la pauvre femme.

Marthe l'embrassa.

— Je reviendrai avec mon père, dit-elle; alors nous serons trois pour vous aimer.

— Cœur d'or! murmura l'aveugle. Et dire qu'on va nous la prendre, peut-être pour toujours!

— Marthe, mon enfant, auras-tu le courage d'aller seule jusqu'au carrefour de la Croix? demanda Franz.

— C'est pour revoir mon père, répondit la jeune fille.

Franz lui fit mettre ses plus beaux habits, et elle se couvrit d'une longue pelisse de laine pour se garantir du froid.

Je renonce à vous dire la scène qui eut lieu au moment des adieux.

Dix heures sonnèrent à l'horloge du château. Marthe quitta ses amis. Franz la suivit des yeux aussi loin qu'il put l'apercevoir, et revint s'asseoir triste et silencieux près de sa mère.

Le carrefour de la Croix n'était pas très-éloigné de la maison de Franz; Marthe eut bientôt franchi cette distance. Un homme l'attendait, debout au pied de la croix. Il s'avança devant elle et la salua avec les marques d'un profond respect.

— C'est vous, monsieur, qui devez me conduire près de mon père, dit Marthe. Partons, partons vite.

— Demain vous l'embrasserez, je vous le promets, répondit l'inconnu.

Il frappa deux fois dans ses mains, et une berline, attelée de deux chevaux vigoureux, s'avança au milieu du carrefour.

— Veuillez entrer, mademoiselle, dit l'étranger en ouvrant la portière.

Puis, ayant donné quelques ordres au cocher, qui n'était autre que Hubert, l'ex-intendant de Wessenberg, il prit place à côté de la jeune fille, et la voiture roula sur la route.

Il était quatre heures du matin lorsque les voyageurs s'arrêtèrent.

— Nous sommes arrivés, dit l'étranger à la jeune fille. Vous venez d'entrer dans la ville de Meningen, capitale du grand-duché de Saxe Mcningen-Hildburghausen.

Il mit pied à terre, aida Marthe à descendre, et frappa à la porte d'une maison de modeste apparence. Une femme âgée, et qui semblait entièrement dévouée à l'inconnu, vint les recevoir.

Une chambre avait été préparée pour Marthe. La jeune fille s'y installa, mais elle ne voulut point se coucher.

— Je ne saurais dormir, dit-elle, avant de savoir où est mon père et avant de l'avoir embrassé.

Pourtant, après avoir pris quelque nourriture devant un bon feu qu'alluma l'hôtesse, elle s'endormit dans un fauteuil.

VI

Le soleil était levé depuis longtemps lorsque le protecteur inconnu de Marthe entra dans sa chambre. Elle venait de se réveiller. Sa charmante figure ne portait plus aucune trace de fatigue, seulement on y lisait une légère inquiétude : la jeune fille éprouvait peut-être quelque crainte en se voyant pour la première fois loin de ceux qui l'aimaient, au milieu de gens qu'elle ne connaissait point et dont les attentions pouvaient cacher un piége. Cependant la figure sévère et digne de son compagnon de route la rassurait.

Après lui avoir demandé comment elle avait passé la nuit, l'inconnu prit un siége et s'assit près d'elle.

Pendant quelques minutes, il la considéra avec une attention toute paternelle.

— Marthe, dit-il enfin, le moment de savoir qui vous êtes est arrivé. Bientôt vous me connaîtrez moi-même et vous saurez d'où vient le vif intérêt que je vous porte depuis votre enfance.

Marthe fixait sur l'inconnu ses grands yeux surpris.

— Vous êtes, continua-t-il, la fille unique du baron Ulric de Wessenberg.

Marthe poussa un cri de naïf étonnement.

— Oui, Marthe, vous êtes née dans le château de Wessenberg où, dernièrement, on vous a fait subir une cruelle humiliation. Mais l'heure de la justice est venue, les méchants porteront la peine de leurs crimes et verront le triomphe des bons.

Ecoutez :

« Il y a vingt ans, une des plus anciennes et des plus illustres familles d'Allemagne déplorait les égarements d'un de ses membres, jeune homme qui avait cependant beaucoup promis pour l'avenir. Il s'était lié intimement avec quelques jeunes gens de son âge déjà flétris par les passions. Bientôt tout ce qu'il y avait de bon en lui n'exista plus ; il avait oublié ce qu'il devait à sa famille, à son nom. Sa bonne mère, qui l'aimait, mourut de désespoir ; mais, étourdi par le bruit des fêtes, il ne donna pas une larme au souvenir de celle qui avait bercé ses premières journées. Il ne s'aperçut pas non plus que la vieillesse avait, en quelques mois, creusé des rides profondes sur le visage de son père et blanchi ses cheveux. Il se plongeait de plus en plus dans cette vie de désordres où il ne devait pas tarder à engloutir l'héritage de ses pères. Tant que ses ressources durèrent, il en usa largement avec ses amis, et, le jour où il leur annonça qu'il avait tout dévoré, ils lui rirent au nez.

» — Nous t'avons aidé, dirent-ils, à dissiper ta fortune; tu n'as plus un ducat, sois des nôtres. Bientôt tu sauras tous nos secrets et tu rouleras sur l'or.

» Le malheureux accepta. Il redevint riche, il brilla de nouveau ; mais à quel prix, grand Dieu! en perdant l'honneur! Il trichait au jeu!...

» Un de ses amis, son mauvais génie sans doute, avec lequel il s'était lié plus étroitement qu'avec les autres, lui dit un jour :

» — J'ai trouvé le moyen de nous procurer assez d'or pour vivre pendant deux ans et éclipser par notre luxe les plus riches de la ville.

» Et il développa un plan conçu avec une habileté infernale. Il s'agissait de pénétrer pendant la nuit dans le château de Wessenberg et d'en enlever d'immenses richesses, dont il connaissait l'existence. Le jeune homme essaya de repousser cet abominable projet ; mais sa faiblesse se laissa encore une fois entraîner, il promit de participer au vol.

» Or, une nuit, les deux coupables pénétrèrent

dans le château. Un premier meuble fut forcé ; il contenait divers papiers, dont ils s'emparèrent. Comme ils se disposaient à continuer leurs recherches, la salle où ils se trouvaient fut subitement envahie par plusieurs hommes armés.

» Le premier coupable parvint à s'échapper ; le jeune homme fut arrêté et enfermé dans une chambre. Le jour venu, on le fit sortir de sa prison pour le conduire devant le baron de Wessenberg, qui voulait l'interroger avant de le livrer à la justice. Vous étiez là, Marthe ; votre nourrice vous tenait dans ses bras ; alors vous pouviez avoir deux ou trois ans. Votre mère était morte en vous donnant le jour, et le baron, qui l'adorait, avait reporté sur vous toutes ses affections.

» — Votre nom ? demanda le baron au jeune homme d'une voix sévère.

» — Mon nom, je ne puis vous le dire, monsieur, c'est celui d'une noble famille ; je suis un misérable, je l'ai déshonoré.

» — Celui qui déshonore le nom qu'il porte n'est pas digne de vivre ; mais il ne m'appartient pas de vous juger, je vais vous faire conduire à la prison de Méningen.

» — Grâce pour mon nom ! s'écria le jeune homme, grâce pour les cheveux blancs de mon père ! Il ne survivrait pas à sa honte; il mourrait en me maudissant.

» La figure du baron restait impassible.

» — Ah! monsieur, continua le jeune homme, je vous jure d'expier les fautes de ma vie passée, mais ne me perdez pas. Grâce pour le repos de mon vieux père!...

» — Vous ne méritez aucune pitié, monsieur, dit le baron. Hubert, ajouta-t-il, vous conduirez ce malfaiteur à la ville.

» En entendant cet arrêt, le jeune homme comprit qu'il était perdu; les premières larmes qu'il eût versées depuis longtemps mouillèrent ses joues.

» — Papa, il pleure, dit la petite Marthe de sa voix enfantine.

» Puis, joignant ses mains mignonnes et regardant son père avec une expression de touchante prière, elle s'écria :

» — Grâce! papa, il ne le fera plus.

» Le baron prit l'enfant dans ses bras et la couvrit de baisers. Il était attendri.

» — Allez, monsieur, dit-il au jeune homme, vous êtes libre. Rentrez dans le chemin de l'honneur et faites que je ne me repente pas un jour d'avoir cédé à l'innocente prière de cette enfant.

» — Le repentir est en moi, répondit le gracié.

Votre petit ange m'a ramené à la pensée du bien ; je lui devrai de ne pas mourir criminel. Oh ! je jure de lui consacrer ma vie !...

» Vous avez sans doute reconnu celui dont je vous ai esquissé l'histoire, continua l'inconnu ; c'est moi. J'ai été fidèle à mon serment, et, depuis le jour où vous m'avez sauvé de la honte, je veille sur vous. Quand votre père fut emprisonné sous la prévention d'un crime de haute trahison, vous étiez chez votre nourrice ; j'appris que cette femme, tentée par l'appât d'une récompense, songeait à vous livrer aux ennemis de votre père. Alors je vous enlevai pendant la nuit et vous portai à Franz Schonn, que je connaissais de réputation et qui vous adopta. Depuis, j'ai toujours habité dans les environs de Wessenberg, autant pour vous protéger que pour ne pas perdre de vue Wilfred. Vous savez le nom que me donnent les paysans. A ce nom, chère Marthe, vous avez frissonné plus d'une fois. Enfin, je suis le Chasseur noir. »

En achevant ces mots, il tira de sa poche un anneau d'or qu'il remit à la jeune fille.

« J'ai su par Hubert, l'ancien intendant de votre père, reprit le Chasseur noir, que cet anneau existait. C'est lui qui vous permettra d'arriver jusqu'au prince, c'est à lui que vous devrez la grâce qui sera accordée à votre père. Plus tôt il eût été trop tôt, car le grand-duc était tout entier à ses préventions.

» Après une bataille gagnée par le grand-duc, ce prince, voulant reconnaître les loyaux services de ses trois premiers lieutenants, leur donna à chacun un anneau semblable. Celui que vous tenez appartenait à votre aïeul.

» — Le porteur de cet anneau, a dit le prince, se fera ouvrir à toute heure les portes de mon palais et je lui accorderai la première faveur qu'il voudra demander.

» Hubert m'a appris tous ces détails il y a quelques années déjà, mais il ignorait ce que l'anneau était devenu. C'est par un hasard providentiel qu'il le trouva, il y a quelques jours, dans un coffret d'ébène où on l'avait caché. Maintenant, Marthe, le reste vous regarde ; vous irez au palais, vous parlerez au grand-duc, et votre père, qui gémit dans une prison d'État, sera libre. Voici, sous ce pli, divers papiers que vous remettrez également au prince ; c'est l'accusation que je porte contre Wilfred, appuyée de preuves authentiques. »

Le Chasseur noir se leva, salua respectueusement la jeune fille, et sortit.

Marthe s'agenouilla et pria avec ferveur pour le succès de sa démarche.

VII

La ville était dans la joie ; elle fêtait le trente-cinquième anniversaire du règne de son prince. Les habitants, parés de leurs plus beaux habits, encombraient les rues. Aux fenêtres des maisons et des édifices publics flottaient des drapeaux et des bannières aux armes de Méningen. Des soldats en brillants uniformes couvraient la place du palais, attendant la grande revue. Le peuple se pressait en dehors de l'enceinte réservée pour les manœuvres des troupes. Il était presque impossible aux derniers arrivés de franchir ce mur vivant pour se placer au premier rang. Pourtant une jeune fille, qu'à ses vêtements on pouvait prendre pour une paysanne, parvint à se faire ouvrir un passage jusqu'à la haie formée par les soldats. C'était Marthe. Elle s'approcha timidement d'un vieil officier et lui dit d'une voix émue :

— Je désire parler à Son Altesse, monsieur ; est-ce que je puis entrer au palais ?

— Entrer au palais, ma belle enfant, c'est impossible, répondit l'officier. Il faut avoir une audience.

— J'ai un anneau qui me fera introduire près de Son Altesse.

— Alors c'est différent ; mais il faut que vous attendiez la fin de la revue.

En ce moment la musique joua une marche guerrière.

— Tenez, voilà le duc qui sort du palais, reprit l'officier. Voyez, il monte à cheval. Tous les seigneurs de la cour sont autour de lui. Mais je ne vois point le jeune prince Frédéric, son fils unique ; il est sans doute à la tête de son régiment, de l'autre côté du palais.

Marthe assista à la revue et au défilé des troupes ; puis, lorsque le grand-duc fut rentré, elle se dirigea vers le palais, cherchant des yeux quelqu'un à qui elle pût s'adresser pour la conduire.

Tout à coup elle reconnut, dans un jeune homme portant l'uniforme de colonel des gardes, celui qui l'avait rencontrée pleurant sur la route et lui avait donné les cinq ducats qui rendirent la liberté à Franz.

Elle s'avança vers lui toute tremblante.

— Monseigneur, lui dit-elle, je voudrais parler à Son Altesse le grand-duc.

Le colonel regarda la jeune fille et laissa échapper un mouvement de surprise en la reconnaissant.

— Son Altesse est-elle prévenue de votre visite?

— Non; mais cet anneau, répondit Marthe en le montrant au jeune homme, doit me faire recevoir.

— Attendez-moi ici, mademoiselle, je vais prévenir mon père.

— C'est le prince Frédéric ! se dit Marthe toute confuse.

Le jeune homme entra au palais et revint au bout de deux minutes.

— Venez, dit-il à la jeune fille, Son Altesse vous attend.

Le jeune prince présenta lui-même la jeune fille au grand-duc.

Marthe fut d'abord troublée en présence de ce vieillard de qui dépendait la destinée de son père; mais la voix pleine de bonté du grand-duc lui rendit le courage et la força de parler.

— Approchez, mon enfant, dit le prince. Que désirez-vous de moi?

Marthe tira l'anneau de son sein et le tendit au grand-duc.

Celui-ci le prit et le considéra un instant avec émotion.

— J'ai fait don de trois anneaux semblables, dit-il ; deux m'ont été présentés ; restait celui-ci, qui appartenait à mon féal ami le baron de Wessenberg. Qui êtes-vous ? demanda-t-il à la jeune fille.

— Je suis la fille du dernier baron de Wessenberg, répondit-elle.

Le prince chercha un instant dans ses souvenirs et répéta lentement :

— Le dernier baron de Wessenberg ! — Quelle grâce demandez-vous ? reprit-il.

— La liberté de mon père, qui souffre depuis quinze ans dans une prison de l'État.

Le duc se frappa le front. Il se souvenait.

— Oui, dit-il, le baron de Wessenberg fut arrêté comme traître et emprisonné sans jugement. Votre père est libre, mademoiselle ; vous pouvez aller vous-même ouvrir les portes de sa prison.

Le grand-duc prit un papier, le signa et le remit à la jeune fille.

— Voici quelques papiers que je dois laisser entre les mains de Votre Altesse, afin qu'elle puisse en prendre connaissance, dit Marthe.

Et elle posa devant le prince le paquet cacheté que lui avait remis le Chasseur noir.

— Vous êtes une charmante fille, reprit le duc,

aussi bonne que vous êtes belle. Votre père oubliera vite ce qu'il a souffert en vous revoyant. Allez, mon enfant, allez l'embrasser ; il a été trop longtemps privé de vos caresses !

Marthe sortit joyeuse du palais ducal.

Enfin, elle allait connaître son père et pouvoir lui dire :

— Père, tu es libre, je t'apporte ta grâce.

VIII

Wilfred ne sortait plus de sa chambre, où il passait son temps à s'enivrer de bière et de tabac Gaspard venait chaque jour lui rendre compte de ce qui se passait au dehors et prendre ses ordres. Il n'avait pas même la satisfaction d'avoir sa fille près de lui. Thérèse ne s'occupait que d'elle-même ; son affection pour son père n'était pas très-vive. Regarder ses parures et ses toilettes, s'admirer, suffisait aux besoins de son cœur.

Un matin, la porte de la chambre de Wilfred s'ouvrit brusquement. Le châtelain releva vivement la tête et ne put réprimer un geste d'épouvante.

Le Chasseur noir était devant lui.

— C'est moi, Wilfred, dit le Chasseur noir d'une voix grave et pleine d'ironie. Je t'avais promis que tu me reverrais ; peut-être ne m'attendais-tu pas si tôt. Regarde-moi, me reconnais-tu ?

— Non, je ne vous connais pas, répondit Wilfred.

— Ah ! tu ne me connais pas ! C'est que mes cheveux ont blanchi ; c'est qu'avant d'être un vieillard, des rides ont sillonné mon visage. Regarde, Wilfred, cette vieillesse qui pour nous deux a devancé son heure ; c'est ton ouvrage.

— Qui es-tu donc ? s'écria Wilfred avec terreur.

— J'ai été ; mais je n'existe plus, car je suis mort pour le monde. Avant de te rencontrer, Wilfred, j'étais jeune, j'étais heureux, l'espoir de mon père, la joie et la vie de ma mère bien-aimée. Mais lorsque, guidé et conseillé par toi, j'eus fait les premiers pas sur les chemins fangeux que tu suivais, je perdis mes douces croyances, je devins infâme. Ma mère, tuée par les chagrins, monta au ciel en me pardonnant, et l'héritage de mes pères servit de pâture à toi et aux tiens. Soumis à ta volonté, lâche que j'étais, je pris ma part de toutes tes hontes, je participai à toutes tes infamies. Maintenant, regarde-moi encore. Me reconnais-tu ?...

— A quoi bon rappeler le passé? dit Wilfred d'une voix étranglée.

— Le passé! reprit le Chasseur noir d'une voix éclatante, c'est le passé qui te ronge le cœur. La place que tu occupes ici t'appartient-elle, Wilfred? Tu t'es servi des papiers volés par toi dans ce château pour perdre le baron de Wessenberg et obtenir la confiscation de ses biens à ton profit. Tu ne savais pas qu'un jour on viendrait te demander compte de tous tes crimes.

— Que veux-tu de moi? s'écria Wilfred au comble de la terreur. Veux-tu me vendre ton silence? Eh bien! je suis riche. Parle, j'ai de l'or. Quelle somme te faut-il?

— De l'or! fi donc! tu serais trop heureux de t'acquitter à ce prix. Tiens, entends-tu ce bruit dans les longs corridors du château? Ce sont les soldats de Méningen qui viennent t'arracher de l'antique demeure des Wessenberg.

Wilfred, blême et frémissant, se redressa tout d'un coup et voulut se précipiter sur le Chasseur noir. Mais celui-ci tira un pistolet de sa poche et en menaça la poitrine de son ennemi.

— Si tu bouges, lui cria-t-il, je te tue comme un chien.

En ce moment, la porte s'ouvrit, et l'appartement

se remplit de soldats. Le grand-duc, éclairé par les documents qui lui avaient été remis par Marthe, avait ordonné l'arrestation de Wilfred et la réintégration du baron de Wessenberg dans ses domaines et dans ses dignités. Le jour de la justice s'était levé. Pendant qu'on entraînait Wilfred vers la prison, d'où il ne devait sortir que pour rendre compte de sa conduite à ses juges, le propriétaire légitime rentrait dans son château, au milieu des cris de joie de ses vassaux.

Il faut renoncer à peindre l'accès de fureur, on pourrait dire de rage, qu'éprouva Thérèse quand elle reconnut, dans la noble héritière à laquelle il fallait céder la place, cette douce et simple Marthe qu'elle avait fait si cruellement chasser peu de temps auparavant.

IX

Son supplice n'était pas encore complet, il le devint bientôt. Un mois après ces événements, le jeune prince héréditaire conduisait à l'autel Marthe de Wessenberg : les vertus de la jeune fille, jointes à sa beauté, avaient déterminé le choix du prince, et le grand-duc, qui croyait devoir une réparation au fils de son ancien ami, victime d'une odieuse calomnie, avait consenti avec bonheur à ce mariage, qui unissait son blason à celui d'une des plus anciennes et des plus illustres maisons d'Allemagne. Dans la journée qui suivit le mariage, il y eut une grande chasse, et, guidés par le bruit du cor et les aboiements de la meute, Marthe et son jeune mari, qui ne se quittaient pas, galopaient en avant. Ils se trouvèrent bientôt au plus profond de la forêt, dans une clairière solitaire et sauvage. Tout à coup un homme de haute taille sortit de derrière un gros chêne, et sembla vouloir leur barrer le chemin. Le jeune prince mit la main sur son couteau de chasse; mais Marthe lui saisit le bras :

— Arrêtez, monseigneur, lui cria-t-elle, c'est le protecteur de mon enfance, c'est le Chasseur noir!

A ce nom, qu'il connaissait déjà, le regard menaçant du jeune duc s'adoucit.

— Je sais les services que vous avez rendus à Marthe, s'écria-t-il; je les tiens comme rendus à mon père et à moi-même. Quelle récompense voulez-vous?

— Monseigneur, répondit celui auquel s'adressaient ces paroles, en fléchissant le genou, je m'étais imposé une mission, elle est accomplie, puisque Marthe de Wessenberg a aujourd'hui un protecteur naturel et que son vieux père est rentré dans ses droits. Mais je ne regarde pas mon expiation comme finie. J'ai souillé le sang qui me vient d'aïeux illustres, et ce n'est qu'en coulant pour la patrie, que le sang ainsi souillé peut se purifier.

— Que demandez-vous, enfin?

— Une place sous le drapeau au plus fort du péril, afin que mes ancêtres, qui ne m'ont pas reconnu à ma vie, me reconnaissent à ma mort.

— Vous l'aurez, dit le jeune prince. Venez me voir demain, et je vous remettrai un mot pour le général qui commande l'armée allemande; elle est au moment d'entrer en campagne contre les Turcs.

— Merci, monseigneur; et vous, soyez bénie, madame, si, le jour où vous apprendrez ma mort, vous trouvez dans votre cœur si pur un souvenir et une prière pour le repos de l'âme du *Chasseur noir*.

FIN.

L'HÉRITAGE D'UN MANIAQUE

I

A quelques kilomètres de la petite ville de Châtillon, sur la rive gauche de la Seine, s'élève, fier et imposant encore, malgré ses murs dégradés et ses tours démantelées, le château de Marangy; curieuse épave du moyen-âge, il raconte à celui qui l'interroge la puissance des princes bourguignons, l'histoire de la féodalité. Ses ponts-levis subsistent toujours; mais les ronces envahissantes ont nivelé ses fossés profonds, la mousse et le lichen cachent les meurtrières de ses murs, et sur les remparts, derrière les parapets crénelés, on ne voit plus briller au soleil les casques et les hallebardes des hommes de guerre. Le silence a remplacé le bruit des armes. On n'entend plus les cris de mort qui retentissaient autrefois; le vigneron, qui ne regarde plus le château avec effroi, chante joyeusement en travaillant sa vigne.

En 1840, le château de Marangy était habité par M. Jérôme Bonardin. C'était un grand vieillard, très maigre, et qui portait admirablement ses soixante-dix hivers. Il avait le front large, les yeux vifs, et dans le sourire quelque chose de fin et de bon tout à la fois. Rien dans son caractère et ses actions ne démentait la bienveillance empreinte sur sa figure. On disait, en parlant de lui, dans le pays, qu'il ne connaissait pas le chiffre de sa fortune. C'est un vieil avare, ajoutaient entre eux les paysans.

La bourse du père Bonardin s'était cependant ouverte pour plus d'un. Mais les apparences étaient bien un peu contre lui : il vivait si économiquement... Pourquoi le voyait-on toujours si mal vêtu? Certes, son pantalon et sa veste ronde de gros droguet jadis vert n'aurait pas fait envie au plus pauvre du canton.

Le père Bonardin avait gagné beaucoup d'argent,

on le savait; il ne possédait au soleil, pour tout bien, que le château et quelques arpents de vigne. Qu'avait-il donc fait de son capital ? Était-il converti en rentes ? ou bien, enfermé dans des sacs, était-il entassé dans quelque caveau ? On l'ignorait. Les avis étaient partagés; mais tout le monde s'accordait à dire que le père Bonardin laisserait à ses héritiers plus d'un million de fortune.

Fils d'un notaire des environs de Dijon, Jérôme Bonardin avait quitté le pays bourguignon à l'âge de vingt ans pour aller achever à Paris ses études de droit. Il travailla assez consciencieusement pendant la première année, ce qui ne l'empêcha pas de découvrir qu'il n'avait aucun goût pour la chicane et les cinq codes.

Il cessa peu à peu de fréquenter l'Ecole de droit. En revanche, il passa tout son temps au milieu des musées; il s'était pris d'une belle passion pour les beaux-arts en général et la peinture en particulier. Il songeait sérieusement à se faire recevoir comme élève dans l'atelier d'un maître, lorsque son père, instruit de sa conduite, lui envoya sa malédiction en lui annonçant qu'il lui retirait sa modique pension de soixante-quinze francs par mois. La lettre du sévère tabellion atterra Jérôme; mais il eut beaucoup moins de chagrin d'avoir encouru la disgrâce de son père que de se voir dans l'impossibilité d'apprendre à se servir des couleurs et du pinceau. Il pouvait se repentir, retourner à l'École de droit et mériter ainsi le pardon paternel; il n'en eut même pas la pensée. Cependant il fallait vivre; Jérôme ne se dissimula pas que, ne sachant absolument rien faire, il courait grand risque de mourir de faim. Cette perspective peu rassurante le força à se souvenir de la Bourgogne, où il avait mangé pendant vingt ans le pain bis de son père, où le vin était bon et ne coûtait pas cher. Alors il se demanda s'il ne serait pas raisonnable en quittant Paris qui ne lui promettait rien de bon pour l'avenir.

— Mais, se dit-il, que ferai-je là-bas? Mon père me recevra certainement fort mal; peut-être même me fermera-t-il sa porte au nez. Réflexion faite, je préfère mourir de faim ici que d'ennui dans mon village. Et puis, qui sait? la fortune est capricieuse, les hasards sont grands : qu'un seul me serve et je suis sauvé.

C'était édifier son espoir avec des matériaux peu solides; mais, quand on a vingt et un ans, on ne se montre pas bien exigeant.

Un matin Jérôme fouilla toutes ses poches et s'aperçut qu'elles étaient vides; il se rappela que la veille il avait dépensé ses derniers sous.

— Je crois que le moment est venu de trouver une bourse pleine de louis, se dit-il assez gaiement.

Il sortit de sa chambre et flâna jusqu'au soir dans les rues de son quartier. Il avait espéré qu'un camarade le rencontrant, l'emmènerait dîner avec lui. Mais, en général, les amis ne se montrent guère quand on a besoin d'eux.

Jérôme revint chez lui avec une mine fort piteuse. Il avala un grand verre d'eau, croyant tromper sa faim, et se mit au lit. Le lendemain il sortit de bonne heure ; sa tête était aussi pleine de pensées bizarres que son estomac était vide. Sur la place du Châtelet, il rencontra un petit ramoneur qui mordait à belles dents dans un énorme morceau de pain. Il lui sembla qu'à cette vue sa faim augmentait, et il se prit à envier le sort de l'enfant. Il s'éloigna rapidement et se dirigea du côté du Palais-Royal. Il entra dans le jardin et s'assit sur un banc ; ses jambes affaiblies commençaient à fléchir sous son corps. Au bout d'un instant, une jeune mère, tenant dans ses bras une petite fille de deux à trois ans, vint s'asseoir près de lui. Il regarda la petite fille, la trouva jolie, et se mit à jouer avec elle tout en causant avec la mère. Les enfants aiment qu'on les amuse, ils s'attachent vite à ceux qui les caressent. La petite fille tendit les bras à Jérôme ; il la prit et la fit sauter sur ses genoux. La mère heureuse souriait en le voyant faire.

Elle avait sur elle des dragées ; la petite le savait bien, elle plongea sa main mignonne dans la poche aux bonbons et la retira pleine. Ne croyez pas que, gourmande comme beaucoup d'autres enfants, elle s'empressa de porter les dragées à sa bouche... Elle les regarda un instant, et, en riant, les fourra presque de force dans la bouche de son nouvel ami. Celui-ci rougit ; à jeun depuis près de quarante-huit heures, il était bien tenté de croquer les dragées, mais un reste de fausse honte le retenait. La maman avait vu l'action de son enfant et riait de tout son cœur.

— Oh ! ma petite Claire a bon cœur ! s'écria-t-elle en laissant éclater sa joie.

Et, rayonnante, elle pressa l'enfant dans ses bras.

Jérôme mangea les dragées.

Pour un estomac affamé, c'était un maigre déjeuner ; il lui sembla, cependant, qu'il était complétement rassasié.

— Allons, pensa-t-il, je ne suis pas tout à fait abandonné de Dieu ; il m'a envoyé un de ses anges.

Il sentit renaître son courage un instant abattu et se retrouva fort tout d'un coup.

Quand la mère voulut quitter le jardin, la petite Claire pleura parce qu'il fallait se séparer de son ami. Jérôme comprit que le seul moyen de la consoler était d'accompagner la mère jusqu'à sa demeure. La jeune femme habitait rue de Provence. Pendant le trajet, mademoiselle Claire s'endormit; il put donc quitter la jeune mère à la porte de sa maison sans avoir à redouter un nouveau désespoir de l'enfant.

Comme il allait s'éloigner, une grande affiche jaune attira son attention. Il lut ces mots imprimés en grosses lettres : Vente après décès. Et, plus bas : Beau mobilier, livres rares, bijoux, tableaux, etc., etc... La vente venait de commencer. Jérôme ne put résister au désir de voir les tableaux dont il était question sur l'affiche. Il monta au premier étage de la maison et entra dans un vaste appartement encombré déjà d'une foule d'acheteurs mêlés, sans doute, à beaucoup de curieux comme lui. Dans un salon, il vit une quarantaine de tableaux, petits et grands, richement encadrés. Il passa devant eux en les regardant dédaigneusement. Il pensait, intérieurement, que les sculptures des cadres et leur dorure valaient beaucoup mieux que les toiles. Mais, dans une encognure, un petit tableau captiva tout à coup son attention; il en étudia les détails avec soin et l'admira franchement. Tout absorbé qu'il était, il ne s'aperçut point qu'à deux pas de lui, un petit vieillard assez mal vêtu l'observait curieusement. Au bout d'un instant, ce personnage s'étant rapproché du tableau, demanda à Jérôme :

— Que pensez-vous de cette peinture, monsieur?

— C'est une belle œuvre, répondit le jeune homme.

— Croyez-vous qu'elle ait de la valeur?

— Oh! s'écria Jérôme, je ne m'y connais guère; mais je suis persuadé qu'elle ne sera pas vendue ce qu'elle vaut.

— Vous parlez de ce tableau avec bien de l'enthousiasme, jeune homme... Vous êtes artiste, sans doute?

— Hélas! non, fit Jérôme avec un soupir.

— Je comprends... vous n'êtes pas riche; sans fortune, les arts sont difficiles à cultiver. Revenons à cette peinture ; pensez-vous qu'elle soit l'œuvre d'un maître?

— Je n'oserais pas l'affirmer, monsieur; cependant...

— Voyons, dites.

— Eh bien, à ce dessin correct, à ces airs de

tête et surtout à ce coloris, cette touche délicate, je dirais presque...

— Achevez.

— Je me trompe probablement.

— Qu'importe!

— Je dirais presque que je reconnais la manière de Greuze.

— Bah! fit le vieillard d'un air étonné. Après tout, vous pourriez bien ne pas vous tromper, ajouta-t-il en souriant.

Quelques minutes plus tard, le tableau lui était adjugé pour la somme de cinquante francs. Il le mit sous son bras, et, comme il s'en allait, il fit signe à Jérôme de le suivre. Quand ils furent dans la rue :

— Jeune homme, dit-il, vous êtes intelligent, vous me plaisez. Chaque fois qu'un sentiment sympathique m'a poussé vers quelqu'un, je l'ai écouté; je n'ai jamais eu à m'en repentir. Si vous le voulez, vous serez mon ami.

Jérôme balbutia un remercîment.

— Je me nomme Joseph Mareigne ; je suis marchand de tableaux et de curiosités, continua le vieillard. Si vous voulez m'accompagner jusque chez moi, rue Saint-Honoré, vous y verrez certaines toiles qui ne manquent pas de valeur. Le

Greuze que je viens d'acheter ne sera pas déplacé près d'elles.

— Ah! c'est donc un Greuze? s'écria Jérôme.
— Des plus authentiques.
— Je l'aurais parié.
— Il ne sortira pas de chez moi s'il n'est payé au moins quinze cents francs.

Jérôme ouvrit de grands yeux étonnés.

— Quel bénéfice! fit-il; vous devez gagner énormément d'argent?

— Pas toujours, répondit le vieillard. Comme toutes les industries, la mienne a ses difficultés. Pour gagner sa vie, dans ce métier de revendeur ou de bric-à-brac, — on nous appelle souvent ainsi, — il faut le connaître.

— Vous avez raison, s'écria Jérôme avec chaleur, et, pour bien le connaître, il faut être presque un artiste.

— Et ajouter à certaines qualités de ce dernier l'esprit du négoce, reprit le marchand de curiosités avec un fin sourire.

La boutique de Joseph Mareigne, dans laquelle Jérôme fut introduit, était encombrée d'objets d'art, riches, précieux et d'une grande rareté. C'étaient des bronzes curieux reproduisant, en petit, les plus beaux chefs-d'œuvre de l'antiquité et du moyen âge; c'étaient des sujets en ivoire merveilleusement sculptés, des coupes finement ciselées, des tableaux, véritables chefs-d'œuvre de toutes les écoles, des pendules, des meubles de prix de toutes les époques.

— Je suis au milieu d'un musée ! s'écria Jérôme avec admiration.

— Ce que vous voyez ici n'est que pour la vente courante, dit le marchand ; mon vrai musée est au premier, dans une vaste pièce que j'ai transformée en magasin. Tout à l'heure je vous y conduirai.

— Mais seulement dans ce que j'ai sous les yeux il y a une fortune...

— Modeste.

— Et vous trouvez des acquéreurs pour tout cela? fit Jérôme naïvement.

— Sans doute.

— Des artistes?

— Non. Je n'ai guère affaire qu'à des amateurs. Ceux-ci appartiennent à toutes les nations, à l'Angleterre surtout. Venez, continua-t-il, je vais vous présenter à ma femme. Vous voulez bien dîner avec nous, n'est-ce pas? En dînant nous causerons.

On devine si Jérôme s'empressa d'accepter.

Madame Mareigne attendait son mari dans l'arrière-boutique où une table était servie. Elle accueillit fort gracieusement le jeune homme.

— J'ai une faim de loup affamé, dit le marchand. Et vous? demanda-t-il en s'adressant à Jérôme.

Celui-ci sentit le rouge lui monter au front.

— J'ai très-faim, répondit-il.

— Eh bien donc, à table et mangeons.

Tout en dévorant les mets qu'on lui servait, au grand contentement de son amphitryon, Jérôme songeait aux divers événements qui avaient marqué dans sa vie et principalement dans cette journée où il était sorti le matin de chez lui, profondément découragé, avec des pensées de suicide dans la tête. Il voyait passer devant ses yeux, souriante, la figure de l'enfant qu'il avait rencontrée au Palais-Royal.

— Sans cette petite fille qui m'a rendu la foi qui m'avait abandonné, où serais-je maintenant? se disait-il.

Et un frisson courait par tout son corps.

— J'avais compté sur le hasard, continuait-il. Si ce n'est pas lui qui m'a conduit sur le banc où la mère est venue s'asseoir avec son enfant, si ce n'est pas lui qui a voulu que j'accompagnasse cette femme jusque chez elle, c'est évidemment la main de Dieu qui m'a dirigé. Dieu!... Il veille sur moi. Oh! je crois en lui!

La voix du marchand l'arracha brusquement à ses réflexions.

— Vous n'êtes pas artiste, m'avez-vous dit; que faites-vous à Paris?

— Vous vous êtes montré pour moi bienveillant et bon, répondit Jérôme; je me croirais indigne de l'honneur que vous m'avez fait en m'accueillant chez vous, si je ne vous témoignais une entière confiance. Je ne veux rien vous cacher.

Et, sans rien omettre, il raconta son histoire.

— Pauvre jeune homme! fit madame Mareigne attendrie.

— Votre cœur est bon et votre tête aussi, quoique un peu folle, dit le vieillard en riant. Maintenant, que pensez-vous faire?

— Je ne sais pas encore.

— Vous avez des connaissances, de belles dispositions; voulez-vous rester avec moi? Je vous apprendrai ma partie.

Des larmes de reconnaissance et de joie mouillèrent les yeux de Jérôme. Il eut l'intention de se mettre à genoux devant le marchand pour le remercier. Celui-ci l'en empêcha.

— C'est bien, c'est bien, dit-il avec sa brusque

bonhomie, vous me remercierez plus tard. Tâchez seulement que je sois content de vous.

Le lendemain, Jérôme Bonardin s'installait en qualité de commis dans la maison du marchand de curiosités.

Deux ans plus tard, Joseph Mareigne lui dit :

— Mon cher Jérome, ce que j'espérais de toi s'est réalisé et au-delà; à partir d'aujourd'hui, je te donne un intérêt dans mes affaires.

De ce moment, Jérôme commença à comprendre qu'il lui était possible de s'enrichir. Après deux nouvelles années, son maître lui dit encore :

— Jérôme, je t'envoie à Amsterdam où nous allons établir une maison semblable à celle-ci. Je te fais mon associé.

Quelques jours après, Jérôme partait pour la Hollande. Grâce à lui, la nouvelle maison prospéra et put faire envie à celle de Paris. Le vieux Mareigne se frottait les mains de plaisir.

— L'élève est devenu plus fort que le maître, disait-il. Jérôme a le génie de notre commerce. Il a un œil, un flair... Rien ne lui échappe, il trouve tout.

Cependant Jérôme n'avait pas oublié sa famille; il avait écrit plusieurs lettres à son père. Mais il n'avait reçu qu'une réponse très-froide et fort peu paternelle. « Si tu fais tes affaires, tant mieux, lui disait le sévère notaire. Je ne désire qu'une chose, c'est que tu n'aies jamais besoin de moi. » Ce qui voulait dire assez clairement : Oublie que tu as un père. Jérôme fut affreusement peiné de tant de sécheresse de cœur. Avec le temps il se consola un peu. Il avait également écrit à son frère et à sa sœur, plus jeunes que lui de plusieurs années; mais ils n'avaient pas seulement daigné lui répondre.

— Les miens m'abandonnent, s'était-il dit, c'est bien cruel à penser quand mon cœur plein d'affection s'élance vers eux. Mais, parce qu'ils ne m'aiment pas, ce n'est point une raison pour fermer mon cœur.

Et toute cette affection qu'il avait besoin de répandre autour de lui se porta sur des étrangers. Par un sentiment dont il est inutile de faire l'éloge, il voulut que la petite fille du Palais-Royal occupât dans son cœur la plus belle place. Il était convaincu qu'il lui devait son bonheur.

Un jour, après quinze ans d'absence, Jérôme revint à Paris pour quelques jours. Il avait quarante ans alors. L'enfant dont il avait mangé les bonbons autrefois était devenue une grande et belle jeune fille. Mademoiselle Claire allait se marier à un honnête ouvrier graveur qu'elle aimait. Jérôme venaît pour assister au mariage. Il venait encore pour remettre aux jeunes époux une somme de vingt mille francs. C'est lui qui dotait la jeune fille.

L'année précédente, son père était mort; il l'avait appris par son frère qui, au moment de partager le modeste héritage du notaire, s'était vu forcé de lui écrire afin de lui demander une procuration. Jérôme avait répondu en envoyant à son frère un acte par lequel il renonçait à la succession de son père. Et, depuis, il n'avait plus entendu parler ni de son frère ni de sa sœur.

Bien des années après, Jérôme Bonardin revenait en Bourgogne et prenait possession du château de Marangy dont il venait de faire l'acquisition. Depuis longtemps Joseph Marcigne et sa digne femme n'étaient plus. Jérôme était devenu un vieillard : il approchait de la soixantaine. Il avait abandonné les affaires avec plaisir pour revenir au pays natal où il voulait passer tranquillement ses derniers jours.

Son frère, sa sœur et leurs enfants — ils avaient chacun un fils — accoururent près du châtelain. Ils le serrèrent dans leurs bras à l'étouffer tout en versant de fausses larmes. Jérôme feignit de croire à la sincérité de leurs démonstrations; il les reçut avec plus de politesse que de tendresse et ne les invita point à revenir le voir. Cela ne les empêcha pas de se montrer fort assidus auprès d'un parent qui avait la réputation d'être millionnaire.

Au commencement de notre récit, nous avons dit quelle était l'opinion des paysans bourguignons sur leur compatriote Jérôme Bonardin. Mais ce qui avait été surtout un objet de grande curiosité pour eux, ce qui avait donné lieu aux commentaires les plus étranges, c'est que dans les premières années de son séjour à Marangy, le vieux Bonardin faisait souvent des voyages qui duraient un et quelquefois deux mois. On savait qu'il se rendait à Paris, et les parents, qui tremblaient de perdre son héritage, se demandaient : — « Que peut-il donc faire à Paris si longtemps? » Chaque fois qu'il revenait à Marangy, Jérôme ramenait avec lui une ou plusieurs caisses clouées avec beaucoup de soin.

— Qu'est-ce que cela signifie? se demandaient les curieux. Que renferment donc ces grandes boîtes?...

Mais comme le vieux Bonardin ne disait jamais un mot de ses affaires, les paysans, ne pouvant rien savoir, tâchaient de se dédommager en se livrant aux suppositions les plus absurdes. Ils continuaient à saluer bien bas l'homme devenu riche; mais ils cherchaient à incriminer ses actes, et les propos méchants allaient leur train. C'était le triomphe de l'envie!...

Au retour d'un de ses voyages, Jérôme Bonardin ne rentra pas seul dans son château : une jeune fille de quinze à seize ans, couverte d'habits de deuil, le suivait.

Ce fut un événement, tout le pays s'émeuta; les commères jouèrent de la langue. Le frère, la sœur et les neveux jetèrent les hauts cris; ils voyaient l'héritage leur échapper. Dès le lendemain ils accoururent au château. Jérôme fut accablé de questions au sujet de la jeune fille; il feignit de ne pas deviner la pensée de ses parents; il les remercia même de l'intérêt qu'ils voulaient bien témoigner à une pauvre orpheline qui n'avait plus que lui seul au monde. Il leur raconta comment, un jour qu'il allait mourir de faim à Paris, une petite fille appelée Claire lui avait mis dans la bouche une poignée de dragées, et comment sa position avait tout à coup changé. Il ajouta :

— Claire s'était mariée; elle vécut heureuse pendant des années; son mari, ouvrier honnête et laborieux, avait amassé une petite fortune. La maison dans laquelle son capital était engagé fit faillite il y a un an; ce fut un coup terrible pour lui. Il en mourut. Sa veuve, brisée par la douleur, ne pou-

vait lui survivre. Dernièrement, je reçus ces mots :
« Venez vite, je vais mourir. » Je partis. Claire est
morte en me serrant la main.

Ici la voix du vieillard s'affaiblit et de grosses
larmes mouillèrent ses joues ridées.

— Son âme s'est envolée heureuse vers le ciel,
car je lui avais promis de veiller sur le sort de sa
fille bien-aimée, ajouta-t-il. J'ignore si Dieu me
réserve encore bien des jours ; mais je ne m'endormirai pas du dernier sommeil sans avoir préparé,
sinon assuré, le bonheur de l'enfant de Claire.

Bonardin cessa de parler. Les parents applaudirent en faisant la grimace et s'en allèrent furieux
contre l'étrangère qui pouvait leur voler l'héritage
convoité.

III

Un matin M. Bonardin se dit :

— Il y a un an que je ne suis pas allé à Paris ; il
faut que je fasse encore une fois ce voyage. Ce sera
le dernier, probablement, car je me sens faible, usé,
et la mort ne tardera pas à venir me trouver.

Il ouvrit un secrétaire, et prit, dans un tiroir,

un portefeuille qu'il vida sur une table. Il compta quinze cents francs en billets de banque.

— Quinze cents francs, dit-il ; je n'ai économisé que cela depuis mon dernier voyage, c'est peu. Mais je n'ai rien refusé à Juliette; elle aime les pauvres, elle a toujours eu quelque chose à leur donner. Pour elle, je fais des folies : je veux qu'elle soit mise aussi richement que les dames du pays. Une toilette fraîche et jolie lui va si bien !... Elle est vraiment belle, ma Juliette. Ah! ah! fit-il en riant, si je suis avare, comme ils le disent tous, ce n'est pas pour elle. Chère petite, elle ne me demande jamais rien, mais j'ai soin de prévenir tous ses désirs. Il ne lui manque qu'une chose : un mari, car elle a dix-neuf ans.

M. Bonardin mit les billets de banque dans sa poche, prit sa canne, un gros jonc à pomme d'or, et descendit au jardin où il trouva sa fille adoptive qui brodait sous une charmille.

Juliette, avec son plus gracieux sourire, souhaita le bonjour à son protecteur.

— Ma mignonne, lui dit-il, je vais m'absenter pour quelques jours.

Le visage de la jeune fille s'attrista.

— Ce voyage est donc bien nécessaire? demanda-t-elle.

— Oui, je ne puis m'en dispenser.

Juliette jeta ses bras autour du cou du vieillard, l'embrassa tendrement et lui dit :

— Ayez bien soin de vous, cher père. Et puis revenez vite. Quand vous êtes loin de moi, vous le savez, je ne puis être heureuse, je souffre.

— Sois sans inquiétude, ma Juliette. A mon tour, je te recommande de ne rien te refuser en mon absence. As-tu de l'argent ?

— Est-ce que j'en manque jamais ?

— Je voudrais bien voir que tu en manquasses ; que diraient les pauvres gens du pays. Tu es leur providence, ma mignonne.

— Et vous leur bienfaiteur. Ils le savent, ils vous aiment et vous bénissent.

— Allons, que je t'embrasse encore une fois, et au revoir.

M. Bonardin partit.

Le lendemain, son frère et sa sœur, qui le savaient absent, arrivèrent au château. Ils parurent très-contrariés lorsque la jeune fille leur eut dit que M. Bonardin était parti depuis la veille et qu'il ne reviendrait que dans quelques jours.

— Nous étions venus pour passer toute la journée avec notre excellent Jérôme, dit la sœur. Savez-vous où il est allé ?

— À Paris, je pense.

— Faire un si long voyage à son âge! Notre cher frère n'a pas assez soin de sa santé. Il faut que des affaires importantes... Vous savez sans doute ce qui l'appelle à Paris, mademoiselle?

— Non, je l'ignore.

— C'est étonnant; nous croyions qu'il n'avait rien de caché pour vous; car il vous aime beaucoup, notre frère Jérôme.

— Comme si j'étais sa fille, dit Juliette avec émotion. Oh! il n'a pas affaire à une ingrate!...

— Mijaurée! va, murmura l'excellente sœur de M. Bonardin. Elle pensait : Sans cette petite péronelle, après la mort de mon mari j'aurais pu venir m'installer au château et je saurais tous les secrets de mon frère.

— Je vais vous faire servir à déjeuner, dit Juliette.

Et elle sortit pour donner des ordres.

— On dirait vraiment qu'elle est ici chez elle, dit M. Bonardin.

— Ne m'en parlez pas, mon frère; j'en suis outrée. Si nous n'y prenons garde, cette Juliette, avec ses airs de n'y pas toucher, est très-capable de nous frustrer de l'héritage de Jérôme.

— Ce serait monstrueux. Notre frère ne fera pas cela.

— Ne vous y fiez pas trop, Philippe. L'amitié que Bonardin nous témoigne ne me parait pas bien sincère ; il est rusé comme un vieux renard, et j'ai bien peur que nous ne lui ayons pas fait oublier complétement le passé.

En ce moment, la vieille domestique de leur frère vint les prier de passer dans la salle à manger.

Sur la table il n'y avait que deux couverts ; Juliette, par discrétion, n'avait pas voulu déjeuner avec le frère et la sœur de son protecteur. Ceux-ci interprétèrent mal la réserve de la jeune fille.

Après le déjeuner ils demandèrent où était mademoiselle Juliette. La gouvernante répondit qu'elle était au jardin. Le frère et la sœur échangèrent un regard d'intelligence.

— Elle nous laisse libres, dit Philippe, profitons du moment.

— Nous ne sommes venus que pour cela, reprit sa sœur. Commençons nos recherches.

Ils sortirent de la salle à manger, traversèrent une grande salle ornée de fresques assez bien conservées, représentant les principaux épisodes de la vie de Charles le Téméraire, et se trouvèrent dans une longue galerie sur laquelle donnaient plusieurs portes. Aucune n'était fermée à clef ; ils purent donc visiter l'une après l'autre toutes les pièces ouvrant sur cette galerie. C'était un spectacle assez triste de voir ces grandes chambres nues dont les boiseries vermoulues tombaient en poussière; il en sortait une odeur âcre et fétide qui repoussait; de profondes lézardes rayaient les plafonds humides et l'on ne voyait plus que par places les dorures à moitié effacées. Nos deux visiteurs, un peu désappointés, quittèrent cette partie du château, abandonnée depuis longtemps, et revinrent au point d'où ils étaient partis, en suivant un couloir circulaire très-étroit. La première porte qu'ils ouvrirent les conduisit dans une chambre, celle de leur frère. Ils continuèrent leurs recherches. Les clefs étaient sur les meubles; ils n'hésitèrent pas à ouvrir les portes, à tirer les tiroirs; mais ils furent pleinement convaincus que si Jerôme cachait des sacs d'or et d'argent, ce n'était pas dans sa chambre. Ils allaient se retirer fort mécontents de n'avoir pu satisfaire leur curiosité, lorsque Philippe Bonardin découvrit dans un angle de la chambre une porte dissimulée dans les moulures de la boiserie. Du doigt il l'indiqua à sa sœur.

— Enfin! s'écria-t-elle, le trésor est là, nous l'avons découvert.

Tous deux se précipitèrent de ce coté; mais cette fois il n'y avait pas de clef pour ouvrir, il n'y avait pas même apparence de serrure. Ils se regardèrent avec stupéfaction.

— Nous en serons pour nos peines, ma sœur, dit Philippe.

— Mon frère, je ne quitterai pas le château que nous n'ayons ouvert cette porte.

M. Philippe remua la tête en signe de découragement.

— Je n'en connais pas le moyen, dit-il.

— Il y a un secret, cherchons-le.

Et leurs mains, devenues tremblantes par l'émotion qu'ils éprouvaient, se promenèrent de long en large sur la porte. Au bout de quelques minutes, la femme poussa un cri de joie. Sa main avait fait tourner une feuille de chêne sculptée sur le bois, et avait mis à découvert un petit bouton de cuivre. Elle le pressa légèrement; un bruit sec se fit entendre dans la muraille et la porte s'ouvrit. Mais alors ils eurent honte de ce qu'ils venaient de faire, et restèrent immobiles devant la porte sans oser en franchir le seuil.

— Ma sœur, dit M. Philippe, si vous voulez me croire, nous refermerons cette porte et nous nous retirerons.

— Est-ce que vous avez peur, mon frère?

— Non, mais...

— Vous tremblez. C'est montrer bien peu de force pour un homme. Que craignez-vous ?

— Si on nous surprenait ?...

— Cette Juliette ! Oh ! je saurais bien lui imposer silence. L'occasion de voir les richesses de Jérôme est trop belle pour que nous la laissions échapper. Allons, suivez-moi.

Elle prit la main de son frère, et l'entraîna dans la chambre qu'elle venait d'ouvrir, et où elle espérait lui montrer des tas d'or. Nouveau désappointement ! Cette pièce, assez mal éclairée, était entièrement vide. Aux angles des murs, les araignées tissaient tranquillement leurs toiles depuis deux siècles peut-être.

— Rien, rien ! murmura la sœur de Jérôme.

— C'est étrange, fit le frère.

— Notre frère serait-il donc moins riche qu'on ne le dit ?

— C'est bien possible.

— Mais alors, nous serions indignement trompés !

— C'est vrai.

Leurs yeux s'étaient peu à peu habitués à la demi obscurité qui régnait autour d'eux. Tout-à-coup leurs regards s'arrêtèrent sur une porte haute et large, que l'ombre leur avait cachée jusqu'alors. Oh !

cette fois ils n'en pouvaient douter, les immenses richesses de Jérôme Bonardin étaient derrière cette porte. Sans cela pourquoi serait-elle couverte, se croisant les unes sur les autres, de ces larges bandes de fer? Pourquoi, si l'avare n'avait pas son trésor là, trois énormes serrures fermeraient-elles une porte inutile?

Voilà ce que pensaient le frère et la sœur. Et, bouches béantes, écarquillant les yeux, ils regardaient comme deux corps pétrifiés, la porte bardée et ses lourdes serrures.

Nous ne saurions dire au juste combien de temps ils restèrent en contemplation devant cette porte étrange; mais, lorsqu'ils se retrouvèrent dans la salle à manger, il était nuit.

— Eh bien, ma sœur, êtes-vous satisfaite? demanda M. Philippe.

— Satisfaite! vous moquez-vous de moi, mon frère?

— Nous savons que le trésor existe, n'est-ce pas assez?

— Non; j'aurais voulu voir tomber ces affreuses serrures. Vous comptez donc pour rien le bonheur de contempler des richesses qui doivent nous appartenir?

— Voir briller et ruisseler sous ses yeux des

monceaux d'or sans avoir le droit d'y toucher, c'est un plaisir qui devient aisément un supplice.

Le regard de la femme brilla d'un éclat singulier.

— Mon cher frère, dit-elle en baissant la voix et en jetant de côté un coup d'œil méfiant, vous êtes bien simple en vérité. Après la mort de Jérôme, pourriez-vous me dire à qui doit revenir son immense fortune?

— A nous.

— Donc ses richesses nous appartiennent. Croyez-vous que si un de ses sacs d'or me tombait sous la main, je me ferais un scrupule de l'emporter?

— Ce serait mal, ma sœur.

Elle haussa les épaules.

— J'ai une conscience comme vous, mon frère, dit-elle.

— Beaucoup plus large et plus facile, ma sœur.

— Ai-je jamais fait du tort à mon semblable?

— Je ne dis pas cela; mais enfin vous en feriez bien à Jérôme sans vous trouver coupable.

— Notre frère est riche et nous sommes pauvres; or, le riche doit donner aux pauvres.

— Il ne nous donne guère, dit M. Philippe en souriant.

— Parce qu'il est avare. Ne devrait-il pas avoir honte d'entasser ainsi des richesses inutiles, pendant que nous végétons dans la pauvreté ? Est-ce ainsi que doit agir un bon parent?

— Non, sans doute; mais Jérôme ne nous doit rien, ma sœur.

Elle frappa du pied avec impatience et colère.

— Rien, rien ! s'écria-t-elle. Qui donc est-il, et que sommes-nous ? Selon vous, mon frère, il nous déshériterait que nous n'aurions aucun reproche à lui faire... Vous vieillissez, Philippe, vous vieillissez, et je vois avec douleur que votre intelligence baisse de jour en jour.

Un sourire dédaigneux passa sur les lèvres du Bonardin.

En ce moment, on vint leur servir le souper. Juliette ne parut point; mais ils ne s'en inquiétèrent nullement. La jeune fille était si peu de chose pour eux!... Ils quittèrent le château fort tard. Ni Juliette, ni les deux domestiques de Jérôme Bonardin n'auraient pu dire comment le frère et la sœur avaient employé cette journée passée au château.

IV.

M. Jérôme Bonardin ne fut absent que quinze jours. Il avait trop présumé de ses forces en se mettant en route; il revint fatigué, brisé, malade. Dans ces quinze jours la vieillesse s'était singulièrement hâtée : Jérôme avait usé plusieurs années. Son maigre corps, droit encore jadis, se penchait vers la terre; son œil devenait terne, ses mains tremblantes, et ses jambes fléchissantes semblaient ne plus vouloir marcher. C'était un avertissement qui lui était donné de se préparer à mourir. Il le comprit.

— Quand on n'est plus bon à rien, se dit-il, il faut bien s'en aller. J'ai rempli aussi bien que possible les beaux jours que Dieu m'a donnés; j'ai vécu pour les autres plus que pour moi. J'aurais pu être meilleur et plus parfait encore; mais, au milieu d'un monde méchant et égoïste, l'âme la mieux douée se laisse parfois entraîner. Bien heureux est celui qui peut se dire, en embrassant d'un regard son passé: Si mes fautes ont été nombreuses, le bien que j'ai pu faire me les fera peut-être pardonner.

Jérôme éprouva une grande joie en se retrouvant chez lui, en recevant les caresses de Juliette, en voyant ses deux vieux serviteurs heureux de le revoir. On aurait dit qu'il avait eu peur un instant de mourir éloigné de ceux qui l'aimaient. Toute sa vie, cet homme avait eu besoin d'affection, l'amitié réchauffait son vieux cœur.

Quand on lui eut dit que son frère et sa sœur étaient venus passer une journée au château, ses épais sourcils grisonnants se heurtèrent dans un pli du front, et une vive contrariété se peignit sur son visage. Il ne demanda point comment ils avaient employé cette journée ; mais il se leva, et après avoir mis un nouveau baiser sur le front de Juliette en l'engageant à aller prendre du repos, il se retira dans sa chambre. Il eut bientôt découvert que ses meubles avaient été ouverts et que des mains étrangères les avaient fouillés. Cela ne parut pas le surprendre ; il avait sans doute deviné l'objet de la visite de ses parents. Son regard se porta sur la petite porte dont sa sœur avait trouvé le secret ; aussitôt, son visage devint très-pâle et deux éclairs jaillirent de ses yeux.

Son frère et sa sœur avaient oublié de tourner la feuille de chêne ; le bouton de cuivre était visible.

— Les malheureux ! murmura-t-il, est-ce qu'ils auraient osé...?

Il s'empressa d'ouvrir la porte, et, la lampe à la main, il sortit de sa chambre. Quand il y rentra, une demi-heure après, son visage avait repris toute sa sérénité ; il souriait.

— J'étais vraiment bien bon de m'inquiéter, se dit-il ; la porte est trop solide pour qu'on puisse la briser, et ses trois serrures valent mieux que le *Sésame, ouvre-toi* d'Ali Baba.

L'heure de la nuit était fort avancée; le vieillard, tout à fait tranquillisé et peut-être satisfait de n'avoir plus à douter des véritables sentiments de son frère et de sa sœur, ne songea plus qu'à se mettre au lit et à chercher quelques heures de sommeil.

Depuis leur dernière visite au château de Marangy et la précieuse découverte qu'ils y avaient faite, M. Philippe Bonardin et sa sœur, madame veuve Duchemin, avaient passé de longues heures à réfléchir. Sans se communiquer aucune de leurs pensées, ils avaient fait les mêmes réflexions, la même idée leur était venue : c'est que Jérôme, aveuglé par son affection étrange pour Juliette, laisserait la totalité, ou tout au moins la plus belle part de sa fortune à l'étrangère. Ainsi, un million, deux, trois millions peut-être, allaient leur être enlevés. Les Bonardin, qui pouvaient se placer au premier rang parmi les plus considérables du département, étaient menacés de rester pauvres et humbles, si un caprice du vieux Jérôme le voulait ainsi.

— Que faire? se demandaient, chacun de son côté, le frère et la sœur. Comment conserver à mon fils l'immense fortune qui doit me revenir à la mort de mon frère?

Ils se répétèrent tant de fois cette question, qu'ils finirent par trouver un moyen si facile et si simple, qu'ils s'étonnèrent de l'avoir cherché longtemps. Quoi de plus simple, en effet, que de faire de l'orpheline la femme d'un Bonardin !

Le fils de Philippe, âgé de vingt-huit ans, était employé chez un notaire en qualité de clerc aux appointements de cinq cents francs ; son cousin, moins âgé de quelques mois, était cultivateur et vigneron ; il faisait vivre sa mère par son travail.

Un dimanche matin, les deux jeunes gens, instruits de ce qu'ils avaient à faire, se présentèrent chez leur oncle. Ils se firent gracieux et aimables pour Juliette. La jeune fille, comme toujours, se montra modeste, bonne et affectueuse.

— Voilà une visite qui signifie quelque chose, se disait le vieux Jérôme. Attendons.

Les deux neveux firent au château des visites de plus en plus fréquentes. Juliette, toujours réservée avec eux, leur témoignait, cependant, une amitié moins cérémonieuse ; elle acceptait volontiers le bras de l'un ou de l'autre pour faire le tour du jardin ou une promenade au bord de la Seine.

Au bout d'un mois, les jeunes gens, également bien accueillis au château, se félicitaient, intérieurement, d'avoir mérité la préférence de la jeune fille.

Philippe Bonardin et sa sœur, agissant pour leur propre compte, se décidèrent à demander la main de l'orpheline.

— Pour ma part, répondit Jérôme à chaque demande, je ne vois rien qui puisse empêcher Juliette de devenir la femme de votre fils. Je verrais avec joie une union qui me semble devoir assurer l'avenir bien incertain de cette chère petite. Mais je ne puis rien décider avant de l'avoir consultée. C'est bien le moins que nous lui laissions le temps d'interroger son cœur.

En apprenant qu'elle était recherchée en mariage par les deux neveux de son père adoptif, Juliette laissa voir un naïf étonnement.

— Je n'ai pas encore pensé à me marier, dit-elle. Pourtant, si vous le désirez, cher père, j'accepterai avec reconnaissance celui de vos neveux que vous me donnerez pour mari.

— Ce n'est pas à moi à choisir, chère mignonne, répondit le vieillard. Dis-moi celui que tu préfères.

— Je n'ai jamais songé à préférer l'un ou l'autre.

— Voilà qui est fort embarrassant, pensa Jérôme.

Il mit un baiser sur le front de la jeune fille et la quitta en se disant:

— Je veux qu'elle soit heureuse, elle le sera.

Peu de temps après, un matin, Jérôme, dont les forces s'étaient éteintes peu à peu, se trouva dans l'impossibilité de se lever. Juliette le vit si faible, si changé de visage, qu'elle s'empressa de faire venir le médecin.

Le malade, interrogé sur ce qu'il ressentait, répondit qu'il ne souffrait point.

— Mon corps est usé, continua-t-il; je vais mourir de vieillesse, c'est une belle mort... Quand l'huile manque à la lampe, elle s'éteint; il en est ainsi de moi.

En l'écoutant, Juliette ne put retenir ses larmes. Le vieillard se tourna vers elle, la regarda longtemps et lui sourit en disant :

— Ne pleure pas, si tu veux que je profite de la grâce que Dieu me fait de mourir sans souffrance.

Juliette essuya ses yeux, s'efforça de sourire, se mit à genoux près du lit et, s'emparant des mains du moribond, les baisa à plusieurs reprises.

— Ah! comme c'est bon, reprit-il, de se savoir aimé ainsi!...

Il se pencha vers la jeune fille et lui dit à l'oreille :

— Tu seras heureuse.

Le curé vint dans la journée. Il resta pendant

une heure avec le vieillard. Quand il sortit du château, la vieille servante remarqua qu'il tenait un papier plié et cacheté. De son côté, le domestique de Jérôme s'apercevait en entrant dans la chambre de son maître, après le départ du curé, qu'une lettre ou autre chose, avait été écrit. Sur une table, près du lit, se trouvait une plume humide, et un peu d'encre noircissait le doigt majeur de la main droite du malade.

Le lendemain, les Bonardin arrivèrent tous à Marangy. La veuve Duchemin fit entendre des gémissements en pleurant comme une Madeleine. Les autres, moins bons comédiens, faisaient de vains efforts pour paraître tristes.

— Mon pauvre frère! disait la veuve, nous ne vous quitterons plus.

— C'est moi qui vous quitterai, répondit Jérôme.

— Oh! chassez cette vilaine pensée. Vous avez encore de belles années à vivre; nos bons soins vous rendront la santé.

Le malade sourit tristement. Il pensait :

— L'affection de ma sœur pour moi n'a pas changé.

Il adressa quelques paroles à son frère et à ses neveux; puis, se sentant fatigué, il ferma les yeux et s'endormit.

Tout le monde resta dans la chambre. Juliette et la vieille servante, près du lit; les Bonardin, assez éloignés pour ne pas être entendus, causaient ensemble à voix basse. On aurait bien pu deviner le sujet de leur conversation en surprenant leurs regards furtifs se diriger du côté de la porte secrète.

Jérôme dormait depuis deux heures. Tout à coup, il fit un bond sur son lit; ses yeux s'ouvrirent démesurément et il appela : « Juliette, Juliette. »

La jeune fille se pencha vers lui.

— Tu seras heureuse, murmura-t-il. Adieu!...

Ses bras sortirent du lit; ils s'agitèrent un instant au-dessus de sa tête et retombèrent inertes à ses côtés. Un sourire suave effleura ses lèvres pâles et son dernier souffle caressa le front de la jeune fille.

Jérôme Bonardin avait cessé de vivre.

Un cri jeté par Juliette, attira l'attention des Bonardin. La veuve Duchemin s'approcha du lit, examina le visage de son frère que la mort blanchissait, toucha légèrement son front glacé et se tourna vers son frère pour lui dire : « Il est mort. »

Alors, d'un ton impératif, elle ordonna à la vieille servante de lui remettre toutes les clefs du château. L'honnête fille obéit, mais comme à regret : elle n'avait jamais beaucoup aimé les parents de son maître.

Le premier usage que le frère et la sœur firent des clefs, ce fut de chercher à ouvrir la fameuse porte aux trois serrures; mais ils essayèrent en vain les clefs l'une après l'autre, aucune n'appartenait aux serrures.

— Se moquerait-on de nous? s'écria la veuve rouge d'émotion ou de colère.

Elle fit appeler la servante.

— Où sont les clefs qui ouvrent cette porte? demanda-t-elle.

La vieille fille ouvrit de grands yeux étonnés.

— Répondez donc. Vous restez là comme une buse à me regarder...

— Ma fine, madame, je ne savons point, répondit la servante. Je n'avions même jamais, au grand jamais, entendu parler de cette drôle de porte.

La veuve Duchemin jeta sur la vieille fille un regard soupçonneux; mais son visage avait une telle expression de vérité, il montrait une curiosité si naïve, qu'elle jugea inutile de l'interroger davantage.

— Que pensez-vous de cela? dit-elle à son frère.

— Jérôme aura caché ses clefs quelque part.

— Comme vous dites cela avec tranquillité. Et si nous ne les trouvons pas?...

M. Philippe sourit.

— Je vous comprends, reprit la veuve. Nous sommes maintenant les seuls maîtres ici ; nous pouvons faire briser cette maudite porte.

La population de Marangy tout entière accompagna, le lendemain, Jérôme Bonardin à sa dernière demeure. Sa sœur eut le triste courage de verser de fausses larmes, mais personne ne se laissa tromper par ce semblant de douleur. Il y eut même quelques honnêtes gens qui ne se gênèrent pas pour murmurer et dire tout haut, qu'il était honteux de feindre une douleur qu'on n'éprouvait pas. Une seule personne, Juliette, conquit toutes les sympathies. Sa douleur résignée, son attitude pieuse à l'église pendant l'office, édifièrent tout le monde.

— Celle-là ne pleure pas que des yeux, disait-on : on voit bien qu'elle ne joue pas la comédie de la douleur. Entre ce qui est vrai et ce qui ment, on ne se trompera jamais. Bonne petite! Au moins, elle regrette sincèrement son bienfaiteur.

Une autre personne ajoutait :

— Si Jérôme a fait un testament, il ne l'aura certainement pas oubliée. Oh! que je la plaindrais, si elle devait compter sur la générosité des Bonardin !...

— Entre nous, disait une autre, je ne serais pas fâchée qu'elle fût la seule héritière. Les pauvres conserveraient leur bienfaitrice.

Dans l'après-midi, les Bonardin et Juliette étaient réunis dans la chambre du défunt. La jeune fille, absorbée dans sa douleur, écoutait à peine les paroles que lui adressaient, tour à tour, le frère et la sœur.

La vieille servante entra.

— Monsieur le curé et le notaire vous attendent dans le salon, dit-elle.

— Le notaire ! exclamèrent les Bonardin.

Et ils se regardèrent en pâlissant.

Ils trouvèrent le notaire, assis devant une table, examinant divers papiers. Le curé se tenait debout, appuyé contre le marbre de la cheminée. Il salua les Bonardin froidement, s'avança vers Juliette, la prit par la main et la conduisit à un fauteuil près duquel il s'assit lui-même.

Le frère et la sœur étaient tremblants ; celle-ci lançait déjà des regards de haine du côté de Juliette et du curé.

Le notaire déplia un papier.

— Ceci est le testament de M. Jérôme Bonardin, propriétaire à Marangy, dit-il ; testament écrit de la main du défunt en présence de M. le curé, qui me l'a remis il y a trois jours. Êtes-vous disposés à en entendre la lecture ?

— Madame, ces messieurs et mademoiselle sont ici pour cela, dit le curé.

Le notaire commença sa lecture.

Le défunt léguait à ses neveux le château de Marangy et ses dépendances : six arpents de vigne. Il léguait cinq cents francs de rente à chacun de ses vieux serviteurs, et à son frère et à sa sœur, les titres d'un capital de quarante mille francs placés sur l'État. Quant à Juliette, le testateur n'indiquait point la nature des valeurs qu'il lui léguait. Il était dit dans le dernier article du testament, celui qui la concernait, que son legs était renfermé dans la salle dite des ancêtres, dont les trois clefs étaient remises au curé, nommé exécuteur testamentaire.

La veuve Duchemin et son frère Philippe poussèrent un cri de douleur et de rage sourde. Ils pensaient :

— C'est là que sont cachés les millions amassés par Jérôme, et c'est l'étrangère qui les aura ; nous sommes déshérités.

En présence du notaire et du curé, ils se continrent cependant. Puis, la première impression subie, ils se dirent que tout espoir n'était pas perdu. La mort de Jérôme leur avait fait oublier l'idée qu'ils avaient eue de faire de Juliette la femme d'un Bonardin. N'était-ce pas le moment de revenir à ce projet vite abandonné?

Alors, ils s'approchèrent de l'orpheline et, après mille compliments flatteurs, ils lui rappelèrent que le cher défunt avait désiré la voir mariée à un de ses neveux.

Juliette ne savait que répondre. La veuve Duchemin se mit à pleurer et se jeta à son cou en s'écriant que son plus grand bonheur serait de la voir la femme de son fils.

Juliette embarrassée, étourdie, balbutiait des paroles sans suite. La naïve enfant ne comprenait rien à toutes ces démonstrations dont elle était l'objet. Pendant ce temps, le curé souriait malicieusement. Il se chargea de répondre pour la jeune fille.

— Juliette, dit-il, ne peut qu'être flattée de l'affection que vous lui témoignez. Tous deux vous désirez l'avoir pour fille ; le cas est embarrassant, vous le comprenez. Ce n'est ni à vous, ni à moi, à juger du mérite des deux cousins et à choisir entre eux ; c'est à Juliette seule à montrer sa préférence. Laissez-la se consulter, et son cœur, le vrai juge quand il s'agit d'affections, décidera.

Le notaire, en homme habitué à voir se jouer devant lui toutes les scènes de la comédie humaine, regardait d'un œil froid et railleur ce qui se passait.

— Monsieur le curé a raison, dit la veuve, nous attendrons que notre petite Juliette choisisse entre mon fils et mon neveu.

Et tout bas elle pensait :

— Je ne manque pas d'adresse ; je m'en servirai et il faudra bien que le choix de l'héritière se porte sur mon fils.

Le curé se leva et, s'adressant au notaire :

— Ne serait-il pas temps, dit-il, de voir en quoi consiste le legs de mademoiselle Juliette ?

— Rien ne s'y oppose, répondit le notaire.

Il tira de sa poche trois clefs réunies dans un anneau et les remit au curé en disant :

— Vous me les aviez confiées, je vous les rends. C'est vous qui devez ouvrir la porte de cette chambre qui, pour nous tous, jusqu'à présent, renferme un mystère.

— Mesdames et messieurs, si vous voulez me suivre... dit le curé en s'inclinant.

Tout le monde sortit du salon.

La veuve s'empara du bras de la jeune fille.

— Vous serez toujours la maîtresse au château

de Marangy, lui dit-elle tout bas, car vous deviendrez la femme de mon fils, et nous achèterons à son cousin sa part de propriété.

On entrait dans la chambre de Jérôme.

— Je vous fais passer par cette chambre, dit le curé, parce que la grande porte de la salle des ancêtres, qui ouvre sur la galerie a été condamnée.

Il dérangea la feuille de chêne, fit jouer le ressort caché dans la boiserie, et la petite porte secrète s'ouvrit.

— On voit bien, grommela la veuve Duchemin, que mon frère a parfaitement renseigné monsieur le curé.

Celui-ci avait préparé les trois clefs ; il les plaça dans les serrures et les tourna l'une après l'autre.

Les Bonardin, attentifs et palpitants, ne perdaient pas un de ses mouvements. Quand ils virent la porte s'entr'ouvrir, ils s'élancèrent en avant.

Le curé n'eut que le temps de se jeter de côté pour éviter un choc terrible.

Les Bonardin entrèrent les premiers dans la chambre mystérieuse.

VI

Monsieur Philippe et sa sœur poussèrent une exclamation étrange.

Hélas! le trésor en imagination depuis si longtemps, n'existait pas. La fameuse salle des ancêtres, si bien fermée, ne contenait que vingt ou trente tableaux, la plupart sans cadre, tous vieux, ridés, malpropres, et une dizaine de groupes et statuettes couverts de poussière.

— C'était, ma foi! bien la peine de faire tant de mystère! s'écria la veuve Duchemin. Jérôme s'est tout simplement moqué de nous. Et de vous aussi, ma belle, ajouta-t-elle en s'adressant à Juliette.

La jeune fille ne cherchait pas à cacher sa surprise. Le notaire, lui-même, regardait le curé et semblait lui dire :

— Ceci me fait l'effet d'une étrange mystification.

— Jérôme a toujours eu des manies, dit M. Philippe. Depuis quelque temps, surtout, il avait des moments où sa tête n'y était plus. Qui sait? Il s'est peut-être imaginé que toutes ces portraitures valent beaucoup d'argent.

— C'est cela, sans aucun doute, reprit la veuve. Mais ses millions, où sont-ils?

— J'affirmerais bien qu'ils n'ont jamais existé, dit le notaire en souriant.

— Pourtant, monsieur le notaire, reprit la veuve,

au su et au vu de tout le monde, Jérôme a gagné une grande fortune ; et ce n'est pas ce qu'il nous laisse...

— Notre frère aura fait de fausses spéculations, dit M. Philippe.

— Oui, il faut qu'il se soit ruiné. Cela nous explique les voyages fréquents qu'il faisait à Paris et ailleurs. Ah ! comme souvent on est exposé à se tromper... Allons-nous-en, continua-t-elle.

Et elle ajouta d'un ton ironique :

— Laissons mademoiselle Juliette prendre possession de son héritage.

Le curé arrêta les Bonardin d'un signe.

— Votre intention est sans doute de vous installer au château dès aujourd'hui ? demanda-t-il.

— Certainement, répondit la veuve.

— Juliette n'y peut demeurer en même temps que ces messieurs, continua le prêtre en désignant les deux cousins. Le notaire et ami de M. Jérôme, lui offre une chambre dans sa maison, près de sa femme. Juliette y restera jusqu'au jour de son mariage. Je me charge de vous dire, moi-même, lequel de ces messieurs mademoiselle Juliette acceptera pour mari.

— Oh ! fit la veuve ; je comprends si bien l'embarras dans lequel se trouve mademoiselle, que mon fils, ne voulant pas prolonger cette situation, renonce, dès à présent, à devenir le mari de mademoiselle.

— Est-ce bien là votre pensée, monsieur Duchemin ? demanda le curé.

— Oui, monsieur le curé. Du reste, j'ai cru voir que mademoiselle Juliette accordait à mon cousin une préférence très-marquée.

— Vous avez vu cela un peu tard, dit le curé avec une ironie mordante.

Et se tournant vers M. Philippe :

— Vous pouvez remercier votre neveu, lui dit-il, de ce qu'il abandonne ses prétentions en faveur de votre fils.

— Mon neveu est un garçon plein de générosité, dit M. Philippe avec dépit ; mais mon fils ne saurait profiter de l'heureuse chance qui lui est offerte. Pour qu'il devienne notaire un jour, il lui faut de l'argent, et vous comprenez...

— Juliette n'a pas de dot, interrompit le curé ; c'est un tort grave à vos yeux. Ce n'était pas Juliette que ces messieurs voulaient épouser, mais le trésor dont ils la supposaient héritière.

Et, avec une froideur méprisante, il continua en s'adressant aux deux cousins :

— Mademoiselle Juliette vous remercie de lui avoir fait connaître vos véritables sentiments.

Les Bonardin se retirèrent.

— Allez, sots et sans cœur ! fit le prêtre en les accompagnant de son regard courroucé.

Il se tourna vers Juliette, pensant avoir à la consoler ; mais le visage de la jeune fille ne portait la trace d'aucune douleur. Elle souriait.

— Ne vous étonnez pas, monsieur le curé, dit-elle. Loin de me causer de la peine, le refus de ces messieurs me rend heureuse.

VII

Un matin, trois hommes arrivant à Marangy, demandaient qu'on leur indiquât la demeure du curé.

Une bonne femme, qui filait sur le seuil de sa porte, leur montra le presbytère, qu'un orme âgé de plusieurs siècles, abritait. Les étrangers s'y rendirent aussitôt. L'un d'eux dit au curé :

—C'est à moi, monsieur, que vous avez écrit dernièrement ; voici votre lettre. Vous m'annoncez la mort de M. Jérôme Bonardin, que ces messieurs et moi connaissions. Est-ce lui qui vous avait prié de m'écrire ?

— Lui-même, répondit le curé.

— Quand pourrons-nous voir les tableaux ?

— A l'instant même. Veuillez m'accompagner jusqu'au château.

Quand les trois étrangers eurent examiné les œuvres d'art rassemblées dans la salle des ancêtres, ils prirent du papier sur lequel ils tracèrent des chiffres. Puis, après s'être consultés, ils demandèrent au curé :

— Combien M. Bonardin estimait-il sa galerie ?

Le curé tira de sa poche une feuille de papier.

— Cinq cent mille francs, répondit-il.

Les étrangers se regardèrent en souriant.

Les chiffres de Jérôme et les leurs étaient les mêmes.

— Tout est-il à vendre ? demanda celui à qui le curé avait écrit.

— Oui, monsieur.

— Quelle réduction faites-vous sur la somme totale ?

— Aucune. Voyez ce que M. Bonardin a écrit lui-même sur ce papier.

L'étranger prit la feuille et lut :

« Monsieur le curé présentera à M. Mazurier, qui l'approuvera, le compte que j'ai établi ci-dessus. »

— Il y a trente ans que je rencontrai pour la première fois M. Bonardin, reprit l'acheteur ; j'ai eu le bonheur de mériter sa confiance. Cette confiance, je ne la trahirai pas aujourd'hui : j'approuve l'estimation de chaque œuvre faite par M. Bonardin. Et vous, messieurs ? ajouta-t-il en s'adressant à ses collègues.

Remarquez, messieurs, reprit le premier étranger, que pour réunir ici ces chefs-d'œuvre des écoles française, italienne et flamande, M. Bonardin a dépensé près d'un million, sa fortune presque entière. Comme bien d'autres, M. Bonardin aurait pu placer ses capitaux dans l'industrie et tripler sa fortune ; mais il avait l'amour des chefs-d'œuvre, l'art était sa passion unique. Sa vie fut modeste et laborieuse. Devenu riche, il continua à vivre pauvrement ; car, en rassemblant dans sa demeure des trésors précieux qu'il devait laisser après lui, il s'appauvrissait réellement. Quelques-uns blâmeront peut-être sa conduite ; mais le plus grand nombre l'admirera.

Le jour même les chefs-d'œuvre de Jérôme Bonardin sortirent du château, et cinq cent mille francs en valeurs furent remis entre les mains du notaire.

En apprenant le changement qui venait de se faire, si rapidement, dans la fortune de Juliette, la veuve Duchemin faillit étouffer de rage.

Les deux cousins essayèrent de se rapprocher de la jeune fille qu'ils avaient dédaignée, la croyant pauvre : mais le curé, par ordre de Juliette, les congédia en ayant soin de ne leur laisser aucun espoir.

Peu de temps après, Juliette rentra au château de Marangy acheté par elle. Les pauvres du pays, qui s'en étaient éloignés, y revinrent, et le bonheur y élut domicile auprès de la charité.

FIN.

L'ONCLE PASCAL

I

M. Pascal Bernard était un beau vieillard à cheveux blancs, au visage calme et digne, au regard sévère, mais tempéré par un doux sourire qu'on lui mettait assez facilement sur les lèvres. Pour cela, il suffisait de lui témoigner beaucoup de déférence et de se plier aux caprices de sa volonté ; car M. Bernard était l'homme le plus absolu du monde.

Il était arrivé à la vieillesse presque sans s'en apercevoir ; à soixante-dix ans, il n'avait aucune de ces infirmités qui annoncent à tant d'autres que, pour eux, la vie va finir.

M. Pascal Bernard était riche, immensément riche, disaient les gens du pays. Mais cette fortune avait été honnêtement acquise par le travail et l'intelligence.

En se mariant déjà vieux, à l'âge de quarante ans,

Pascal Bernard ne possédait qu'une trentaine de mille francs, sa part de l'héritage de son père, lequel avait été officier de cavalerie dans sa jeunesse, puis percepteur des contributions directes, receveur de l'enregistrement, et enfin receveur des finances au chef-lieu du département.

Après son mariage, Pascal Bernard ayant réuni la dot de sa femme à son petit capital, se mit à la tête d'une filature de laine qui prospéra si bien, qu'elle devint en peu de temps la plus importante de la contrée.

Les deux sœurs de M. Bernard, beaucoup plus jeunes que lui, s'étaient mariées quelques années auparavant : la première, avec un employé du ministère des finances ; l'autre, avec un sous-inspecteur des eaux et forêts. La même année, elles mirent au monde chacune un petit garçon.

Sous le rapport de la fortune, Pascal Bernard était bien mieux partagé que ses sœurs, ce qui ne l'empêchait pas de les trouver infiniment plus heureuses que lui et d'envier leur bonheur ; oui, car elles étaient mères, et M. Bernard, qui désirait ardemment un héritier, avait fini, après dix ans de mariage, par perdre l'espoir de l'obtenir.

C'était, au milieu de sa prospérité et de mille autres sujets de satisfaction, un chagrin réel.

Ce chagrin, madame Bernard le partageait. Il y avait en elle un trésor de tendresses maternelles, trésor enfoui, perdu, puisque le ciel lui refusait la seule joie qui lui manquât : un enfant à aimer. Souvent elle manifestait ses regrets à ce sujet par des larmes et des plaintes inutiles.

Un jour, il lui vint une idée que, toute joyeuse, elle s'empressa de communiquer à son mari. Il s'agissait simplement de découvrir, n'importe où, un enfant abandonné et de l'adopter.

Cette proposition amena un sourire amer sur les lèvres de M. Bernard.

— Tu le veux absolument? dit-il à sa femme.

— Oui.

— Est-ce un petit garçon ou une petite fille que tu désires?

— C'est à toi de décider, mon ami.

— Oh! moi, je n'ai plus de préférence.

Ces mots furent accompagnés d'un soupir.

— Il me semble qu'une petite fille... reprit madame Bernard sans achever sa phrase.

— Une petite fille, soit, tu l'auras.

Le lendemain, M. Bernard partit pour le chef-lieu. Il resta trois jours absent. A son retour, il présenta à sa femme une charmante enfant de trois ans.

Madame Bernard poussa des cris de joie, prit la petite fille dans ses bras, la serra contre sa poitrine, et la couvrit de baisers.

— Quel est son nom? demanda-t-elle.

— Madeleine.

— Madeleine! Oh! le joli nom!

Puis elle se remit à embrasser l'enfant.

Quant à M. Bernard, heureux du bonheur de sa femme, il souriait en même temps que ses yeux se mouillaient de larmes.

— Mon Dieu, comme je suis heureuse! murmurait madame Bernard tout en passant ses doigts dans la chevelure blonde de la petite fille.

A ce moment, elle pouvait croire qu'elle était mère réellement.

Madeleine fut confiée aux soins d'une gouvernante de confiance. En réalité, le service de cette femme se réduisait à rien, car la véritable gouvernante de l'enfant était madame Bernard.

Pendant huit jours, toutes les couturières et modistes du pays furent employées à fabriquer des robes et autres ajustements pour mademoiselle Madeleine. Les riches étoffes, les dentelles de Bruxelles, d'Angleterre, d'Alençon, furent prodiguées aux ouvrières.

— Prenez tout, leur avait dit Madame Bernard en ouvrant ses armoires.

On ne conserva plus que comme souvenir, le vêtement que portait Madeleine à l'hospice des enfants trouvés.

Sous les yeux de ses parents adoptifs, la petite fille grandit et embellit encore. Elle ne fut point ingrate ; tout ce que son jeune cœur contenait d'affection, elle le donna aux époux Bernard. Ceux-ci s'attachèrent si bien à la gentille enfant, qu'ils en vinrent à oublier qu'elle n'était pas leur propre fille. Ils n'eurent plus de regrets, ils n'avaient plus rien à envier. Les cris de l'enfant, ses joyeux éclats de rire, ses questions naïves, ses petits discours pleins de charme, tout le bruit qu'elle faisait autour d'eux comblait le vide que, naguère encore, ils voyaient dans leur maison.

— Le bon Dieu nous a bien récompensés, disait quelquefois madame Bernard.

— Oui, Madeleine sera la joie de notre vieillesse, répliquait le mari.

Malheureusement, ces paroles ne devaient pas se réaliser pour madame Bernard. Après une courte maladie, la mort l'enleva de ce monde. Madeleine était alors dans sa neuvième année. Elle partagea la grande douleur de son père ; ils pleurèrent ensemble longtemps. Puis, plus tard, ce fut la tendresse pleine d'effusion de la jeune fille, qui parvint à consoler M. Bernard.

Mais la perte de sa compagne bien-aimée l'avait singulièrement vieilli. Il s'aperçut tout à coup que la direction de son usine devenait un fardeau trop lourd à porter.

— Je me sens fatigué, dit-il à ses amis, ma force s'en est allée ; je vais décidément me retirer des affaires.

— Il vous est bien permis de vous reposer, lui répondit-on ; vous avez beaucoup travaillé, et votre fortune est assez belle.

Un mois après, M. Bernard vendit sa filature. En même temps il se fit l'acquéreur d'un joli château, bâti dans le goût moderne, où il s'installa immédiatement avec Madeleine. Il ne prit à son service que trois domestiques : une cuisinière appelée Marguerite, un palefrenier, pouvant au besoin remplir les fonctions de cocher, et un jardinier.

A partir de ce moment, les habitants du pays appelèrent le propriétaire du château, M. Bernard le millionnaire.

II

Madeleine atteignit sa vingt-deuxième année. Ceux qui l'avaient connue enfant la trouvaient, sous tous les rapports, ce qu'elle avait promis d'être plus tard. C'était une belle jeune fille au regard doux et caressant, fraîche comme la verdure printanière, au visage radieux comme un jour de beau soleil. Elle avait conservé son sourire d'enfant, sourire gracieux, enchanteur et d'une douceur infinie. Tout en elle semblait rayonner. Elle faisait songer à l'éternel printemps. Parfaite autant qu'une créature puisse l'être, elle seule ne voyait pas ce qui faisait l'admiration de tout le monde.

L'innocence est toujours ignorante. D'ailleurs, la modestie était une de ses perfections.

M. Bernard l'aimait comme si elle eût été véritablement sa fille, avec orgueil; il en était idolâtre.

Depuis la mort de sa femme, trois pertes douloureuses étaient encore venues l'affliger. A un an de distance, ses deux sœurs étaient mortes. Trois ans plus tard, son beau-frère, devenu inspecteur des eaux et forêts, était mort aussi, laissant à son fils une assez jolie fortune.

Nous verrons bientôt l'emploi que M. Anatole Basan, — c'est le nom du fils de l'inspecteur, — fit de l'héritage de son père.

L'autre neveu de Pascal Bernard, Eugène Charvet, étudiait la médecine à Paris.

Maintenant que le lecteur connaît suffisamment Madeleine et l'oncle Pascal, nous allons entrer dans l'action de notre récit ou plutôt de la petite comédie qui va se jouer sous leurs yeux.

Depuis quelques jours M. Bernard paraît triste, soucieux. Il est sous l'empire d'une préoccupation constante. C'est en vain que Madeleine cherche à l'égayer. Elle l'interroge affectueusement; ses réponses sont évasives. Il ne veut rien laisser deviner de ce qui se passe en lui.

Plus d'une fois la jeune fille l'a surpris la regardant tristement; elle a même vu des larmes dans ses yeux. Elle serait grandement peinée si, dans les manières et les paroles de son père adoptif à son égard, elle ne découvrait un redoublement de tendresse.

Quelle était donc la cause de la tristesse et des préoccupations secrètes de M. Bernard?

Mon Dieu, nous pouvons bien le dire, le vieillard

sentait ses jambes faiblir, toutes ses forces l'abandonner, et il avait peur de mourir. Oui, peur de mourir, et cela, parce qu'il songeait à Madeleine, à son avenir.

— Si demain je n'étais plus, se disait-il, que deviendrait-elle, seule au monde, orpheline pour la seconde fois, sans amis, sans un mari pour la protéger?

Et ces pensées, dominant toutes les autres, le rendaient effectivement très-malheureux.

— Madeleine, dit-il un jour à la jeune fille, tu dois t'ennuyer ici?

— M'ennuyer! près de vous! s'écria-t-elle toute surprise, est-ce que c'est possible?

— Un vieux homme comme moi n'est guère amusant, reprit-il en souriant.

— Oh! le vilain mot, fit-elle d'un ton de reproche.

Puis elle courut au vieillard et l'embrassa.

— Ainsi, continua-t-il, tu es heureuse?

— Tout à fait heureuse, mon bon père.

— Tu ne désires, tu ne souhaites rien?

— Rien qu'une chose, mon père.

— Laquelle?

Elle l'embrassa encore, et répondit :

— Que vous ne soyez plus jamais triste et que

vous redeveniez aussi gai que vous l'étiez l'année dernière.

— Ah! çà, je te parais donc bien maussade?

— Oh! ce n'est pas cela que j'ai voulu dire. Seulement, je vois bien...

— Allons, achève.

— Que depuis quelque temps vous êtes tout changé. On dirait que quelque chose vous manque.

— Je m'ennuie peut-être, moi.

— Mais alors il faut vous distraire ; voyons, dites-moi ce que vous voulez. Si vous avez quelque chose à me demander, ordonnez, mon père.

— Vois-tu, reprit M. Bernard en faisant asseoir la jeune fille sur ses genoux, je trouve que notre maison est bien grande pour deux personnes seulement.

— Ah! est-ce que vous voulez quitter le château, mon père?

— Nullement, mon enfant; seulement, j'y voudrais un peu plus de mouvement, plus de bruit... quelqu'un avec nous, enfin.

— Vous avez des amis, mon père, des voisins qui seraient enchantés...

— Des ennuyeux, des étrangers, qui seraient enchantés, comme tu le dis, de venir manger mes poulets et boire mes vieux vins. J'ai une autre idée.

— A la bonne heure.

— Il y a bien six ans que je n'ai pas vu mes neveux ; j'ai envie de les inviter à venir passer quelques mois avec nous.

— Voilà une excellente idée, mon père.

— Ainsi tu m'approuves ?

— De tout mon cœur.

— Je puis donc leur écrire ?

— Mais aujourd'hui même, cher père, à l'instant.

Elle s'élança joyeuse vers une petite table qu'elle roula près du vieillard ; ensuite, elle alla prendre dans un tiroir du papier, de l'encre et une plume qu'elle mit elle-même dans la main de M. Bernard, en lui disant :

— Ecrivez, mon père.

Le vieillard se mit aussitôt à écrire. Madeleine alla s'asseoir plus loin, près d'une fenêtre, devant son métier à tapisserie.

A chaque instant, l'oncle Pascal s'arrêtait pour la regarder.

— Est-elle charmante ! murmurait-il.

Et il se remettait à écrire.

La première page terminée, il posa sa plume

pour donner à l'encre le temps de sécher, puis il appela Madeleine.

— Est-ce qu'il vous manque quelque chose, mon père? demanda-t-elle.

— Non. Je trouve que tu n'es guère curieuse. Est-ce que tu ne veux pas voir ce que j'écris à messieurs mes neveux?

— Je ne voudrais pas me permettre...

— Allons, viens, viens lire, et si quelque chose te déplaît, tu me le diras.

La jeune fille vint s'appuyer légèrement sur l'épaule du vieillard, qui continua à écrire pendant qu'elle lisait les mots derrière la plume.

— Est-ce bien cela? demanda M. Bernard lorsque les deux lettres furent écrites.

— Je n'ai qu'à approuver, mon père. Vos neveux vont être bien heureux de l'affection que vous leur témoignez.

— Nous verrons cela, fit le vieillard avec un sourire mystérieux.

Les lettres partirent le soir même. Trois jours après les réponses arrivèrent. Les deux neveux annonçaient leur prochaine arrivée au château.

III

— Tu sais, Madeleine, que c'est aujourd'hui que j'attends mon neveu Basan?

— Oui, cher père.

— Tu as préparé le dîner?

— Comme vous me l'avez ordonné.

— Voyons le menu?

— Ce ne sera pas long à énumérer, dit Madeleine; le menu et le gros, le voici : des pommes de terre, des choux et... du lard.

— Quelle prodigalité! Le lard est de trop; il faut le mettre de côté pour demain.

— Mais...

— Pas d'observations; je n'en souffre pas... aujourd'hui.

— Me permettrez-vous au moins d'aller chercher du vin à la cave?

— Non, non, pas de vin; je le proscris.

Madeleine partit d'un joyeux éclat de rire.

— Savez-vous, mon père, que je ne comprends pas encore? dit-elle.

— Tu comprendras plus tard.

— Vous conviendrez cependant, cher père, que vous préparez à vos neveux une étrange réception : manger des choux, boire de l'eau...

— La jeunesse doit s'habituer à une vie sobre. Le vin et les mets recherchés gâtent l'estomac, engendrent la gastrite et provoquent l'apoplexie. Si mes neveux ont l'audace de se plaindre, j'ai à leur service un petit discours des plus substantiels.

— Je crois qu'ils aimeraient mieux autre chose, dit Madeleine en souriant, un beefteck, par exemple.

Le visage de M. Bernard garda son impassibilité.

— Les deux chambres sont-elles préparées? demanda-t-il.

— Ce n'a été ni long ni difficile, répondit la jeune fille : un matelas, des draps et une couverture à jeter sur deux lits de sangles. C'est drôle tout de même..... Vous écrivez à chacun de vos neveux une lettre bien émue, bien affectueuse, et puis, quand ils s'empressent d'accourir à votre appel, vous les condamnez...

— Ma chère enfant, interrompit l'oncle Pascal, tu n'es qu'au commencement de tes surprises. Tu en verras bien d'autres! Pour commencer, apprends que j'ai définitivement renvoyé mes deux domestiques : mon palefrenier et mon jardinier.

— Mais qui donc étrillera vos chevaux, greffera vos rosiers, arrosera vos salades?

— Oh! je ne suis pas embarrassé.

— Vous ne comptez pas sur moi, j'espère? J'ai consenti avec plaisir, pour remplacer notre vieille Marguerite, absente pendant quelques jours, à devenir cordon-bleu, une véritable sinécure avec le menu que vous avez arrêté; — mais vous comprenez, cher père, qu'il m'est impossible de cumuler toutes les charges. Je ne puis tenir à la fois le fouet, le rateau et la queue de la poêle, acheva-t-elle en riant de tout son cœur.

— Sois tranquille, répliqua gravement M. Bernard, mes deux nouveaux domestiques sont déjà trouvés ; avant peu ils seront ici.

Un coup de cloche qui se fit entendre arrêta la conversation.

— Ce doit être mon neveu qui arrive, dit le vieillard : Madeleine, tu peux tremper la soupe.

Un instant après, un petit jeune homme blond, frisé, pommadé, ganté, les moustaches tordues, le lorgnon à l'œil, un stick à la main et portant un de ces costumes excentriques empruntés aux modes anglaises, entre dans la salle à manger.

Il s'avança en souriant, sautillant et faisant à chaque pas une révérence.

Madeleine ouvrait de grands yeux et se sentait une étonnante envie de rire. Le visage sérieux de M. Bernard l'obligea à se contenir.

— Vous êtes sans doute mon oncle, dit le jeune homme en s'arrêtant devant le vieillard ; oui, oui, vous êtes mon cher oncle Bernard, je vous reconnais maintenant, malgré le changement..... Voulez-vous me permettre?...

Et il s'approcha pour l'embrasser ; mais M. Bernard le repoussa doucement en lui disant:

— Que faut-il vous permettre, mon neveu?

— De vous embrasser, cher oncle.

— Non, cela m'attendrirait. Je redoute les émotions. Je suis si vieux... Tiens, voilà ma quinte qui me prend. Maudite sensibilité !

Et M. Bernard se mit à tousser très-fort.

Anatole profita de ce moment pour se tourner du côté de Madeleine et la saluer.

— Pas mal en vérité, pas mal pour une fleur des champs, murmura-t-il.

— Mon cher neveu, reprit l'oncle Pascal, je suis flatté, très-flatté de l'empressement que vous avez mis à vous rendre près de moi.

— Par le train express, mon vénéré oncle ; que

n'aurais-je pas fait pour répondre à votre appel? Votre désir a été un ordre pour moi, et j'ai tout quitté... Pauvre Miss Clarisse !

— Que dit-il donc? se demanda Madeleine.

— Miss Clarisse ! répéta M. Bernard.

— Oui, mon oncle. En mon absence que va-t-elle devenir?

— Eh! morbleu! elle deviendra ce qu'elle pourra.

— J'ai bien pris toutes mes mesures pour qu'elle ne manquât de rien; malgré tout, je ne suis pas tranquille. Ah! si vous l'aviez vue !..... Elle a des yeux, une tête, une poitrine et des jambes !... des jambes d'une finesse, d'une délicatesse! c'est à se mettre à genoux devant !

— Ah! ça, où voulez-vous en venir avec tous ces points d'admiration?

— On voit bien que vous ne la connaissez pas, mon oncle. Mon ami, le vicomte de Vauglas, m'a offert mille écus pour que je la lui cédasse.

— Hein? fit M. Bernard abasourdi.

— Oui, mon oncle, mille écus, je vous l'affirme; et pourtant j'ai refusé net. Me séparer de Miss Clarisse pour mille écus, jamais! Si vous aviez vu comme elle était belle aux dernières courses de La Marche!..... Elle a fourni une course splendide ! On aurait dit qu'elle avait des ailes. Zéphire, son brillant concurrent, n'avait sur elle qu'une longueur d'avance. Au deuxième tour, Miss Clarisse avait la tête. Les paris s'engagent de tous côtés; tous les vœux, tous les cœurs sont pour Miss Clarisse. Les deux rivaux filent avec la rapidité du vent. Le but est proche, nous allons triompher ! Mais Clarisse fait un écart ; Zéphire la dépasse et l'emporte sur nous d'un nez..... oui, d'un nez !.... Clarisse était seconde et gagnait les entrées. Pauvre bête ! elle méritait mieux... Faute d'un nez !...

— Ah ! ça, mais votre Miss Clarisse est donc une cavale ? s'écria M. Bernard.

— Oui, mon oncle, et une cavale pur sang, je vous le jure.

— Ma foi, mon neveu, je suis enchanté de l'amour que vous portez à la race chevaline.

— Trop heureux, cher oncle, d'avoir votre approbation.

— Maintenant, si vous le voulez bien, parlons d'autres choses. Vous connaissez le chiffre de ma fortune ?

— Mais on le dit assez joli, mon cher oncle.

— Un million, mon neveu.

— Superbe ! superbe ! exclama le jeune sportman.

Puis, se parlant à lui-même :

— O mes créanciers, quelle bonne aubaine..... pour nous !

— Or, continua l'oncle Pascal, je suis disposé à laisser à vous et à votre cousin Charvet toute cette fortune.

— Nous sommes vos seuls parents, mon oncle, vos seuls héritiers, par conséquent.

— Attendez. Pour que je laisse mes biens à mes neveux, il faut qu'ils en soient dignes.

— N'en doutez pas, mon bon oncle. Pour ma part, vous pouvez mettre mon dévouement à l'épreuve.

— Je n'y manquerai pas, mon neveu. Hélas! j'en ai tant besoin de dévouement!..... J'ai soixante-dix ans, un catarrhe, parfois la goutte, des rhumatismes et une disposition à l'apoplexie.

— Ah! fit Basan, qui se sentit tressaillir de joie.

Madeleine s'était tournée dans un coin pour rire à son aise. M. Bernard poursuivit :

— En outre, je deviens excessivement craintif. Un rien m'épouvante. J'ai honte de ma faiblesse, mais je ne puis rien contre elle. Il faut bien le dire, j'ai tellement entendu parler de crimes et d'attentats de toutes sortes, que j'ai peur, peur, d'être assassiné...

— Par exemple !

— C'est comme je vous le dis. J'ai renvoyé tous mes domestiques dans la crainte d'être ou brûlé, ou étranglé ou empoisonné par eux. Je ne veux plus être entouré que de personnes sûres. C'est pour cela que ma fille adoptive — que voici...

— Mademoiselle... fit Basan en saluant une seconde fois la jeune fille.

— Que ma fille adoptive, continua le vieillard, a bien voulu consentir à remplacer ma cuisinière ! C'est pour cela que j'ai pensé à vous, Basan, ainsi qu'à votre cousin, pour tenir la place de mes domestiques congédiés.

— Mon oncle, vous avez eu là une idée sublime !

— N'est-ce pas ? Ce que vous m'avez raconté tout à l'heure de Miss Clarisse me met à l'aise avec vous. Vous remplacerez mon palefrenier.

— Vous dites, mon oncle ?...

— Vous remplacerez mon palefrenier, répéta M. Bernard d'un ton absolu.

— Je m'en étais déjà douté, pensa Anatole, le pauvre homme a perdu la tête ; il n'y a qu'une chose à faire : flattons sa manie.

— Consentez-vous? demanda le vieillard avec rudesse.

— Certainement, mon cher oncle, certainement. J'adore les chevaux, je ne pouvais rien désirer de mieux.

— Oh! le lâche! murmura Madeleine, dont le visage exprima aussitôt le dédain et le dégoût.

— Très-bien, fit l'oncle Pascal; mon neveu, je suis content de toi.

— Bon, pensa Anatole, il me donne du *tu*, à à présent; mes affaires marchent comme sur des roulettes.

— Allons, à table, à table! s'écria le vieillard; excuse-moi, mon cher neveu, en causant j'ai oublié que tu devais avoir une faim dévorante.

Sur un signe, Madeleine s'approcha de la table et remplit les assiettes de soupe.

IV

Le dîner ne fut guère joyeux. M. Anatole Basan était affamé; cependant, il mangea à contre-cœur et en faisant d'assez vilaines grimaces, car il n'était pas habitué à une semblable nourriture. Sans la crainte de déplaire à son oncle, il aurait certainement repoussé avec horreur tout ce qu'on lui présentait.

L'oncle Pascal se faisait comme un malin plaisir de le torturer.

— C'est ainsi que nous vivons chaque jour, disait-il, aussi économiquement que possible. Puis, frappant sur l'épaule de son neveu :

— Je ménage ta fortune, ajoutait-il.

Pendant ce temps, Basan faisait de vains efforts pour avaler une pomme de terre.

— Quand tu seras habitué à notre genre de vie, continuait l'impitoyable M. Bernard, tu n'en voudras plus d'autre. Soir et matin la soupe. A midi du pain et du lard, arrosés de cette boisson limpide et fraîche que Madeleine va puiser à la fontaine voisine. Eh bien, Madeleine, verse donc ; ne vois-tu pas que mon neveu étouffe ?

Madeleine souriait et remplissait d'eau les verres.

Basan buvait — il le fallait bien — en essayant de sourire aussi.

— Dans quel guêpier me suis-je fourré, mon Dieu ! se disait-il ; mais il n'y a plus à reculer, j'ai promis de l'argent à mes créanciers.

16.

Disons tout de suite que M. Anatole Basan, avec sa passion pour les chevaux, les steeple-chases et les habitudes ruineuses qui en sont la conséquence forcée, avait dévoré déjà, ou à peu près, l'héritage paternel. Heureusement l'oncle Pascal était là, et M. Anatole avait compté sur lui et son million pour pouvoir reparaître bientôt sur le turf avec plus d'éclat que jamais.

Après le dîner, M. Bernard emmena son neveu pour le mettre en possession de la chambre qui avait été préparée à son intention.

Là, un nouveau désappointement attendait Anatole. Ce que son oncle appelait pompeusement une chambre, n'était en réalité qu'un misérable taudis, ayant pour tout mobilier deux chaises, une mauvaise commode en noyer et le vieux lit de sangles au bois vermoulu dont nous avons déjà parlé.

— Mon cher neveu, voici le costume de tes fonctions chez moi, dit M. Bernard en montrant à Basan une paire de gros souliers, un pantalon de velours jaune, une veste ronde en gros drap et un bonnet de coton bleu.

Le malheureux jeune homme sentit ses cheveux se dresser sur sa tête. Il poussa un soupir désespéré.

— Je te quitte, reprit le vieillard, tâche de bien

dormir et n'oublie pas qu'on se lève ici à cinq heures du matin.

Resté seul, Basan s'affaissa sur une chaise comme une masse.

— Oh! le bourreau! murmura-t-il d'une voix sourde, que la peste l'étouffe! et il faut souffrir, supporter tout cela sous peine d'être déshérité...

Il était brisé de fatigue, le sommeil l'accablait; il se coucha en songeant au million de son oncle. Cela le calma peu à peu et amena même un heureux sourire sur ses lèvres.

Le lendemain, à cinq heures du matin, il fut réveillé par M. Bernard. Il endossa la livrée du palefrenier et descendit aux écuries.

Le même jour, vers une heure de l'après-midi, Eugène Charvet, l'autre neveu de M. Bernard, arriva au château. Ce dernier était sorti pour aller surveiller un abattage d'arbres qu'il faisait faire dans l'un de ses bois. Madeleine se trouvait seule. Ce fut elle qui reçut l'étudiant.

Eugène Charvet était un grand jeune homme à l'air dégagé et d'une tournure distinguée et gracieuse ; son large front annonçait l'intelligence. Il avait l'œil hardi et brillant, la voix douce et le sourire sympathique.

Sa première question, après avoir salué Madeleine avec beaucoup de courtoisie, fut de demander où était son oncle.

— M. Bernard, répondit-elle, a été obligé de s'absenter ; mais il ne tardera pas à rentrer.

— Si vous voulez me le permettre, mademoiselle, je l'attendrai ici, près de vous.

La jeune fille se contenta d'incliner légèrement la tête.

— Elle est vraiment charmante, se disait Eugène Charvet en la contemplant avec une surprise mêlée d'admiration.

Après un moment de silence, il reprit :

— Mademoiselle, voulez-vous que je vous confie un secret?

— Un secret ! fit-elle un peu confuse.

— Oh ! ne rougissez pas... je vous permets de le divulguer. Je meurs de faim... Quelles sont les heures des repas chez mon oncle?

— Nous sortons de table, monsieur.

— En ce cas, je ne pouvais tomber plus mal.

— Vous ne pouviez tomber mieux, au contraire ; voyez, votre couvert est mis et le déjeuner vous attend.

— Eh bien, mademoiselle, je ne le ferai pas attendre plus longtemps.

Madeleine alla prendre une soupière placée devant le feu presque éteint de la cheminée et l'apporta sur la table.

— Qu'est-ce que cela? fit le jeune homme.

— Vous le voyez, répondit Madeleine en découvrant la soupière, c'est de la soupe aux choux.

— Je n'aime pas beaucoup cette soupe-là, enfin... Et après cela, qu'y a-t-il?

— Du pain, du lard et... de l'eau, répondit la jeune fille en souriant.

Le jeune homme se dressa sur ses jambes, comme s'il eut été poussé par un ressort.

— Je suis étudiant, mademoiselle, dit-il; bientôt, je l'espère, je serai docteur, et je vous déclare que la docte Faculté est depuis quelque temps très-défavorable à la diète. Je compte, pour ma part, la prescrire rarement et ne m'y mettre jamais. Qu'est-ce donc que cette mauvaise plaisanterie?

— Je vous affirme, monsieur, qu'il n'y a pas là l'ombre d'une plaisanterie. Ce déjeuner est bien celui que votre oncle m'a fait vous préparer.

— Sérieusement?

— Sérieusement; et je dois ajouter que M. Bernard a résolu de ne jamais sortir de cet ordinaire.

— Voilà un ordinaire que je trouve passablement extraordinaire, moi. Je ne puis supposer que mon oncle m'ait mandé auprès de lui pour me faire mourir de la faim-valle !... Mon estomac bat la générale, et ce n'est certes pas avec une soupe aux choux et un verre d'eau que je l'apaiserai...

A ce moment, dans la cour du château, un coq fit entendre un *ki ki ri ki* des plus sonores.

— Tiens, fit le jeune homme en riant, voilà mon déjeûner qui chante !

Et, d'un bond, il s'élança hors de la salle à manger.

— Où court-il donc ainsi? se demanda Madeleine stupéfaite.

Un instant après, la détonation d'une arme à feu se fit entendre.

V

Madeleine épouvantée se précipita vers la fenêtre. Elle vit les volailles effarouchées se sauver, en criant, de tous les côtés. Basan, sur le seuil de l'écurie, ricanait.

Un superbe coq au plumage doré était étendu sans vie au milieu de la cour.

— Que va dire mon père? murmura Madeleine.

Et elle se sentit tout attristée en pensant que

M. Bernard ne pardonnerait peut-être pas l'acte audacieux de Charvet. A son insu, un intérêt profond que lui inspirait ce jeune homme, s'était déjà glissé dans son cœur.

Eugène Charvet, debout devant une fenêtre voisine, tenait encore le fusil dont il s'était servi pour commettre son méfait.

Comme il allait descendre chercher sa victime, il aperçut Basan, qu'il prit pour un domestique de son oncle.

Les deux cousins ne s'étaient pas vus depuis une dizaine d'années ; il n'était guère possible que l'étudiant reconnût Anatole déguisé en palefrenier.

— Hé! l'ami, lui cria-t-il en lui montrant la bête foudroyée, ramasse et apporte.

Basan resta immobile.

— Voyez-vous comme ce rustre a l'habitude de l'obéissance! murmura Charvet. Après tout il est peut-être sourd.

Et il cria plus fort :

— François, Jean, Joseph ou Baptiste, apporte-moi cette volaille.

Basan ne bougea pas davantage.

— Est-ce qu'il faut que j'aille te tirer les oreilles pour te faire obéir ? cria Charvet impatienté.

Cette fois, Basan eut peur, sans doute, car il se décida à ramasser la chasse de son cousin.

— Décidément, cela devient amusant et tourne à la bouffonnerie, dit Madeleine.

Et, n'y pouvant plus tenir, elle se mit à rire aux éclats.

Eugène Charvet pluma son coq, puis le découpa aussi proprement qu'eût pu le faire un cuisinier émérite. — Un élève en médecine n'est jamais emprunté quand il s'agit de passer un couteau dans la chair. — Cela fait, l'oiseau fut mis dans une casserole et assaisonné avec l'aide de Madeleine, qui se mit de fort bonne grâce au service du joyeux étudiant. Pendant ce temps, Basan ne restait pas inactif ; gourmandé par son cousin, qui lui donnait ordre sur ordre, il était allé chercher du bois et avait rallumé le feu qui, maintenant, ronflait dans l'âtre.

Anatole humilié, enrageait ; il aurait voulu être une souris et pouvoir se fourrer dans un petit trou. Mais toute sa colère était intérieure. Le malheureux n'osait pas se révolter, tant il avait peur d'être reconnu par l'étudiant. Aussi dévorait-il sa honte miette par miette.

Madeleine voyait ses souffrances, devinait ses tortures ; mais malgré la bonté naturelle de son cœur, elle ne se sentait aucune pitié pour lui ; elle ne pouvait s'empêcher de rire à chaque instant en le regardant.

— Vous riez, mademoiselle, disait Charvet, et c'est ce grand dadais qui vous met de si belle humeur ; il a donc du bon ce butor !... Voyez comme il vous regarde, raide et immobile ainsi qu'un poteau, bouche béante, l'œil effaré...

Et l'étudiant se mettait à rire aussi.

Basan devenait pourpre, violet, vert.

— Et n'oser rien dire ! murmurait-il. Ah ! mes créanciers, mes créanciers ! si vous me voyiez ainsi, vous m'élèveriez une statue au lieu de m'envoyer aux eaux... de Clichy comme vous en aviez l'intention !

Le coq cuisait. Cependant l'étudiant songeait à se procurer encore autre chose.

— Mademoiselle, demanda-t-il, est-ce que mon oncle a une cave?

Madeleine répondit oui par un signe de tête.

— Et cette cave a nécessairement une clé ; vous seriez bien aimable de me la confier pendant quelques minutes, mademoiselle.

— Je ne l'ai pas, monsieur, dit la jeune fille.

Mais, involontairement, son regard s'était dirigé vers un point de la salle.

L'étudiant suivit ce regard jusqu'à un trousseau de clés suspendu à un clou.

— *Vivat!* s'écria-t-il en s'emparant des clés.

Et il sortit pour aller à la recherche de la cave.

Madeleine, ne voulant pas rester seule avec Basan, qu'elle méprisait souverainement, s'éloigna à son tour.

— Suis-je assez humilié, assez bafoué ! s'écria le malheureux Anatole en se promenant dans la salle avec agitation ! Oh ! je suis d'une colère !... J'ai envie d'égratigner, de mordre, de casser quelque chose...

Un verre tomba sous sa main ; il le lança violemment sur les dalles et les morceaux roulèrent de tous côtés.

Un peu calmé par l'emploi qu'il venait de faire de son courage et de sa force physique, il alla s'appuyer sur le support de la fenêtre.

— Oh ! ce Charvet, reprit-il, comme j'aimerais à lui rendre la monnaie de sa pièce et à le berner à mon tour ! Mais, c'est l'oncle Pascal qui me vengera ! Charvet sera tout bellement flanqué à la porte, déshérité... et le million sera pour moi, pour moi seul... Un million ! c'est-à-dire des chevaux superbes, un équipage magnifique, un fauteuil au Jockey-Club !...

Et je me plaignais tout à l'heure ! Allons donc,

continua-t-il en riant, je n'étais qu'une bête...
Maintenant je me trouve sublime! Nouveau Jason,
je marche à la conquête de la Toison-d'Or.

En ce moment l'étudiant rentra, tenant une bouteille de vieux Beaune dans chaque main.

Il les posa sur la table, puis il tira de ses poches deux poires et deux pêches magnifiques qu'il plaça sur une assiette.

— Quand on cherche bien, on trouve toujours, dit-il avec satisfaction. Et l'on disait que le château était dépourvu de tout; je trouve, au contraire, qu'il renferme de tout à profusion. Mais cela n'empêche pas ma faim d'augmenter singulièrement.....
Heureusement que j'entends cuire mon brave coq. Il ne sera peut-être pas bien tendre; mais à la campagne... Au surplus, j'ai de bonnes, d'excellentes dents. Heureux ceux qui ont faim... quand ils ont de quoi manger.

Il se tourna vers Basan.

— Comment t'appelle-t-on? lui demanda-t-il.

— Je n'en sais rien, répondit Basan d'un ton rude.

— Eh bien! vrai, ça ne m'étonne pas, fit Charvet en riant. Une tête comme la tienne ne doit pas avoir de nom.

Basan devint blême de colère.

— C'est égal, poursuivit l'étudiant, tu me plais

assez ; je parlerai de toi à mon oncle et je fera augmenter tes gages.

— Il me semble, grommelait le pauvre Anatole, que j'aurais du plaisir à lui sauter à la gorge et à l'étrangler.

Cependant, Eugène Charvet ayant jugé que le coq était assez cuit, vida la casserole dans un plat de faïence, et aussitôt après se mit à table.

— Je m'en irais bien, pensait Basan ; mais je veux voir tout ce qui se passe ; je tiens à être ici quand l'oncle Pascal arrivera.

Charvet mordait à belles dents dans la chair un peu coriace du sultan de la basse-cour.

— Manges-tu quelquefois du poulet chez mon oncle ? demanda-t-il à Basan. Si j'en crois ce qui m'a été dit en arrivant, ce mets est prohibé ici ; la façon dont tu me regardes manger est une nouvelle affirmation. Tu accepterais bien cette cuisse, n'est-ce pas ?... Sois tranquille, je t'en donnerai une... s'il en reste, par exemple. Et du vin, tu ne dois pas en boire souvent non plus ! A ta santé, mon garçon !... Je ne t'en offre pas... je craindrais que tu n'y prisses goût...

Il est vraiment exquis, dit-il en faisant claquer sa langue contre son palais, mon oncle doit être un fin gourmet.

Tout à coup, la porte s'ouvrit, et Madeleine entra dans la salle, pâle et toute tremblante.

VI

Eugène Charvet laissa tomber sa fourchette, se leva et courut à la jeune fille.

— Mon Dieu, mademoiselle, lui dit-il avec intérêt, que vous est-il arrivé? qu'avez-vous?

— C'est M. Bernard, c'est votre oncle!

— Vous m'effrayez, mademoiselle; serait-il malade? Un accident, un malheur!..... Ah! courons, courons!...

— Votre oncle se porte bien, monsieur; mais il vient; dans un instant il sera ici, et j'accours pour...

— Me prévenir; merci, mademoiselle. Mais cela ne m'explique pas votre émotion, votre trouble.

Madeleine rougit jusqu'aux oreilles.

— J'ai peur que M. Bernard ne soit mécontent, et c'est pour cela... balbutia-t-elle.

— Mon oncle mécontent! s'écria l'étudiant, et pourquoi? Parce que j'ai tué un de ses coqs! Il n'y aurait pas de quoi, vraiment. Oh! rassurez-vous, mademoiselle, je vous en prie. Eh bien, si mon oncle n'est pas content, s'il crie un peu haut, je lui en offrirai une aile de son coq, et je le ferai rire. Vous verrez.

On entendit un bruit de pas dans l'escalier.

Eugène Charvet se remit à table tranquillement.

— A-t-il un aplomb! murmurait Basan. Enfin, voici l'oncle croquemitaine, je vais rire à mon tour!

L'oncle Pascal parut. L'étudiant quitta la table.

— Bonjour, mon oncle, dit-il en s'avançant vers le vieillard. Je vois à votre visage, mon cher oncle, qu'il est inutile de vous demander l'état de votre santé..... Laissons de côté cette question oiseuse! Vous m'avez appelé, me voici, et je vous embrasse.

M. Bernard voulut repousser son neveu ; mais il n'en eut pas le temps. L'étudiant l'entoura de ses bras, et lui mit deux gros baisers sur les joues.

— Il va être flanqué à la porte, c'est sûr, se dit Basan.

L'oncle Pascal croisa les bras et, couvrant l'étudiant d'un regard irrité :

— Mon neveu, dit-il, vous êtes le plus grand garnement que la terre ait porté!

— Mon Dieu, mon Dieu! que va-t-il se passer? soupira Madeleine.

— Mais, mon oncle, je ne vois pas.....

— Je cherche des mots pour qualifier votre conduite, continua l'oncle Pascal.

— Qualifiez toujours, mon oncle..., ne vous gênez pas.

— Vous êtes à peine arrivé chez moi que vous me manquez de respect.

— Mais en quoi, s'il vous plaît?

— Il ose me le demander, le vaurien !... Que faisiez-vous donc quand je suis entré?

— Vous l'avez vu, de vos yeux vu, ce qui s'appelle vu.

— Laissez Molière de côté, et répondez-moi catégoriquement.

— Et bien, mon oncle, je dînais, et de bon appétit.

— Avec quoi, voyons, avec quoi?

— Tire-toi de là, mon bonhomme, murmura Basan.

— Avec un poulet de votre basse-cour, répondit l'étudiant.

— Tout simplement, fit le vieillard d'un ton narquois. Qui donc vous l'a donné, ce poulet?

— Moi, mon oncle, grâce à un de vos fusils que j'ai trouvé dans la pièce à côté.

— Et ce vin?

— Encore moi, mon oncle; j'ai trouvé des clés, là, à ce clou; j'ai deviné où était la cave, et dans celle-ci, la place des meilleurs crus.

— Et ces poires et ces pêches?

— Les espaliers de votre jardin, mon oncle, sont couverts de ces beaux fruits.

— Ainsi, monsieur, il n'y a pas encore trois heures que vous êtes chez moi, et déjà vous vous y considérez comme dans un pays conquis... Vous mettez tout au pillage... C'est révoltant!

Basan, dans son coin, disait en se frottant les mains :

— Bien, très-bien; j'hériterai seul.

La franche gaieté de l'étudiant disparut à ces dernières paroles de M. Bernard.

— Mon oncle, dit-il avec un commencement d'émotion, si vous êtes réellement fâché contre moi, je veux bien avouer que j'ai tort. Je renonce même à appeler à mon secours les circonstances atténuantes.

— Je voudrais cependant bien les connaître.

— C'est facile, mon oncle : j'avais faim et soif.

— Votre dîner, — celui de votre oncle, monsieur, — n'était-il pas là, vous attendant?

— Un dîner! dites plutôt une mystification, mon oncle!

— Qu'est-ce à dire? répliqua le vieillard avec un redoublement de sévérité.

— Affirmeriez-vous, mon oncle, que vous prenez au sérieux toute cette discussion?

— Monsieur Charvet, je ne plaisante jamais.

— Tant pis, car vous me forcerez à vous dire des choses désagréables.

— Osez donc les dire.

— Ce ne sera pas long... Je trouve votre réception... comment dirai-je pour ne pas vous blesser... je la trouve anti-écossaise, *puisque chez les montagnards écossais*... vous savez le reste, paroles de Scribe, musique de Boïeldieu. Voyons, mon oncle, pourquoi m'appeler pour me recevoir ainsi? Il fallait me laisser à Paris, où je me préparais à passer ma thèse... Sans vous connaître beaucoup, je vous respectais, je vous aimais... Ma pauvre mère m'avait toujours parlé de vous comme du meilleur des hommes.

— Ce n'est pas une raison pour amener le désordre chez moi. Quand on veut faire des festins à la Balthazar, monsieur mon neveu, on les paye de ses deniers.

— Soit, répliqua l'étudiant avec fierté. Faisons donc le compte de ce que je vous dois. Votre coq, je l'estime trois francs... remarquez que, dans le village, j'en aurais eu un pareil pour un franc vingt-cinq. Je dis trois francs. Pain : quinze centimes ; deux bouteilles de vin, un franc l'une..... deux francs ; deux pêches et deux poires, un franc. Total : six francs quinze et dix sous pour le garçon. Voilà vingt francs. Veuillez me rendre ma monnaie, et permettez-moi d'achever *mon* repas.

— Monsieur ! s'écria l'oncle Pascal, vous insultez un vieillard, le frère de votre mère !

— Je ne vois pas cela. Vous réclamez le prix du repas que vous ne m'avez pas offert, je paye, voilà tout. J'ai devant moi un vieillard, c'est vrai ; mais à quoi puis-je reconnaître le frère de ma mère ?

— Je vous assure pourtant, reprit l'oncle Pascal dont la voix se radoucit, que j'étais animé de bonnes intentions. J'avais pensé sérieusement à votre avenir.

— Ce qui vous avait fait oublier le présent.

— Vous savez que je suis riche, Charvet.

— Je ne l'aurais jamais pensé à la façon dont vous vivez.

— Pour vous prouver que je vous porte une grande affection, malgré tout, je vous offre le moyen de reconquérir mes bonnes grâces.

— Faiblesse et lâcheté ! grommela Anatole.

— Je vous écoute, mon oncle, dit Charvet.

— Mon ami, je suis malade.

— Vous êtes malade, mon oncle? reprit l'étudiant avec intérêt. On ne le dirait pas, vraiment.

— J'ai l'esprit frappé. En médecine, on appelle cela une hypocondrie... une horrible maladie, mon neveu... Je crois être entouré de scélérats, et dans tous ceux qui m'approchent, je crains toujours de rencontrer un assassin...

— Pauvre homme ! pensait Charvet.

— Je continue toujours à n'y rien comprendre, se disait Madeleine.

— Cette inquiétude, cette perplexité incessante, continua l'oncle Pascal, m'a fait renvoyer tous mes domestiques. Je ne veux voir autour de moi que des visages amis.

— Mais, mon oncle, il y a des serviteurs honnêtes.

— Peut-être... mais où les trouver? Je veux être gardé, défendu, protégé par mon neveu. C'est pour cela que je vous ai mandé.

— Vous avez bien fait de compter sur mon dévouement, mon oncle.

— A la bonne heure. Vous avez vu mon jardin ; vous avez dû entrevoir mon parc ?...

— C'est une propriété magnifique.

— Et d'un rapport !... Or, voici ce que j'ai pensé en renvoyant mon jardinier : mon neveu Charvet est étudiant en médecine ; il connaît les fleurs, les plantes, *et cætera*... Voilà le jardinier qu'il me faut.

Le jeune homme laissa éclater un rire formidable.

— Hein ! fit le vieillard toujours grave.

— Je ne dis rien, mon oncle ; je ris, voilà tout.

— Vous riez ; pourquoi ?

— Votre proposition est si curieuse...

— Curieuse ?

— Si... hypocondriaque, — c'est vous qui avez dit le mot — que je ne puis m'empêcher de rire.

— Tout est perdu ! pensa Madeleine.

— L'imbécile ! il va être chassé à coups de fourche, se disait Basan tout joyeux.

L'oncle Pascal reprit d'une voix courroucée :

— Monsieur, c'est la seconde fois, en quelques minutes, que vous me manquez de respect ! Vous oubliez que mon testament n'est pas encore fait, et que je puis...

— Me déshériter? Comme vous voudrez, mon oncle! Jamais l'argent ne me fera commettre une bassesse... Tenez, je préférerais être condamné aux choux et à l'eau à perpétuité.

— Il y a des gens aussi bien nés que vous, monsieur, qui n'ont pas de susceptibilités pareilles.

— Qui donc?

— Celui-là... Basan! répondit le vieillard en montrant le pauvre Anatole, qui cachait son visage rouge de honte.

— Basan! c'est mon cousin!... Ah! mon pauvre garçon, comme te voilà fagotté!...

Et il se remit à rire de plus belle.

— Tu me rendras raison! s'écria Anatole furieux.

— De quoi?

— De tes insultes.

— Allons donc, tu es fou, fit Charvet avec dédain. Depuis quand les valets viennent-ils sans permission se mêler à la conversation des maîtres?

— Oh! cet outrage veut du sang! hurla Anatole en se précipitant sur Charvet.

Madeleine jeta un cri perçant et se plaça entre eux.

VII

Eugène Charvet avait croisé les bras et souriait ironiquement.

Madeleine était pâle et tremblante comme la feuille du bouleau.

Anatole Basan menaçait son cousin du poing et se tordait dans sa rage impuissante. Sa tête se hérissait comme le dos d'un porc-épic.

Quant à l'oncle Pascal, il semblait être de marbre. Pas un geste, pas un mouvement ne trahissait la pensée qui était en lui et dictait son étrange conduite.

— Oh! mon père, mon père! s'écria Madeleine suppliante, souffrirez-vous que vos neveux se battent devant vous?

— Non, certes, répondit le vieillard. Toi, Basan, tiens-toi tranquille. Et vous, monsieur Charvet, je vous déshérite, et je vous...

— N'achevez pas, mon oncle, répliqua l'étudiant d'un ton digne, je vais prévenir vos désirs en reprenant immédiatement la route de Paris. Mais, auparavant, laissez-moi féliciter votre futur héritier, M. Anatole Basan, le dernier des crispins.

— Mon oncle! exclama Basan, permettez-moi de châtier cet insolent.

Charvet décocha à son cousin un regard de mépris et lui tourna le dos en haussant les épaules.

Ce mouvement le plaça en face de Madeleine.

Sous le regard du jeune homme, elle baissa les yeux.

— Mademoiselle, lui dit-il, je n'oublierai jamais les instants que j'ai passés avec vous; j'ai lu dans votre cœur, je sais ce qu'il contient de générosité, de bonté; et c'est une grande satisfaction pour moi, en quittant cette demeure, de penser que j'y ai rencontré une sympathie, la vôtre. Adieu, mademoiselle.

La jeune fille s'approcha de M. Bernard.

— Mon père, dit-elle avec des larmes dans la voix, mon père, vous ne le laisserez pas partir ainsi...

— Tais-toi! répondit le vieillard.

— Mon oncle, dit l'étudiant en faisant deux pas vers M. Bernard, je ne vous en veux point, je tâcherai d'oublier votre réception et de ne me souvenir que d'une chose : c'est que vous êtes le frère de ma mère, et que c'est votre nom que ses lèvres ont murmuré avant de se fermer pour toujours.

Ces paroles étaient tout ce qu'il avait à dire, son adieu à son oncle. Il se dirigea aussitôt du côté de la porte.

Le visage de l'oncle Pascal changea d'expression tout à coup. Ses yeux se remplirent de larmes.

— Charvet! cria-t-il au moment où le jeune homme ouvrait la porte.

L'étudiant se retourna et demeura interdit en voyant le vieillard qui lui tendait les bras.

— Oh! méchant! reprit l'oncle Pascal d'une voix émue, tu serais donc parti sans m'embrasser!... Dans mes bras, mon enfant, dans mes bras! ajouta-t-il.

Et, ne pouvant plus se maîtriser, il se mit à pleurer comme un enfant.

Anatole Basan, plus honteux et plus désespéré que jamais, voyant que personne ne faisait attention à lui, profita de ce moment pour s'esquiver sans bruit. Il s'apercevait enfin que l'oncle Pascal l'avait soumis à une épreuve et cruellement mystifié. Il comprit qu'il n'avait plus qu'à reprendre son costume de gandin et à quitter le château immédiatement, ce qu'il aurait fait s'il n'eût été arrêté par M. Bernard au moment où il allait sortir.

Le vieillard le prit par le bras et l'emmena dans sa chambre. Il le fit asseoir et prit un siége en face de lui.

Anatole intrigué et mal à son aise, perdait contenance.

— Tu es criblé de dettes, lui dit l'oncle Pascal sans autre préambule; tes créanciers perdent patience et vont tomber un de ces jours, comme des oiseaux de proie, sur l'héritage de ton père. Quand ils en auront pris chacun un morceau, que te restera-t-il? Presque rien. Je suis le frère de ta mère; c'est pour cela que je veux te tirer du mauvais pas où t'ont conduit tes folies. Je payerai tes dettes, je les payerai toutes, mais à une condition : c'est que tu deviendras un homme...

— Oh! mon oncle!...

— Laisse-moi continuer. Tu renonceras à tes extravagances, à miss Clarisse et le reste. Tu te procureras une occupation, je le veux. Nous sommes tous nés pour le travail. Il est honteux, à ton âge, de se croiser les bras et de ne rendre aucun service à la société. Me le promets-tu?

— Je suivrai vos conseils, je vous obéirai comme à mon père, mon oncle.

— C'est bien, nous verrons. Tu sais que j'aime tendrement ma fille d'adoption, ma chère Madeleine ; mais cette grande affection ne me fait point oublier que vous êtes, toi et ton cousin, mes héritiers légitimes. Pour concilier ces divers intérêts et assurer l'avenir de cette chère enfant, j'ai songé à la marier à l'un de mes neveux. Je connais assez Madeleine pour te donner l'assurance, dès à présent, que ce n'est point toi qui deviendra son mari. Comme je ne t'avais fait venir près de moi que pour cette seule raison, je te laisse libre de nous quitter dès demain, si c'est ton bon plaisir, ou de rester au château jusqu'à ce que tu aies trouvé un emploi dans une administration quelconque.

— J'ai besoin de vos conseils et de votre aide, mon oncle ; si vous le permettez, je resterai près de vous.

— Voilà la réponse que j'attendais, reprit l'oncle Pascal avec bonté. Je vois avec plaisir que si la tête est légère le cœur est bon.

Anatole sentit ses yeux se mouiller de larmes.

— Mon oncle, mon cher oncle ! pardonnez-moi, dit-il en prenant la main du vieillard qu'il porta à ses lèvres.

— Allons, va-t-en ! s'écria l'oncle Pascal souriant et heureux ; tu sais bien que je crains les émotions trop vives.

Et il ajouta :

— En attendant le dîner que nous prépare Marguerite, — dîner meilleur que celui d'hier soir — tu peux descendre à l'écurie ; tu y trouveras François, mon cocher ; il te sellera un cheval et tu iras faire une excursion dans les environs. Va !

Dans le corridor, Basan rencontra son cousin.

— Veux-tu me serrer la main? lui dit-il.

— Certainement, mon cher Anatole, et même t'embrasser, répondit l'étudiant.

— Merci. A partir de ce jour je t'aimerai comme un frère.

Et les deux cousins réconciliés s'embrassèrent.

— Je suis bien heureuse ! dit à quelques pas d'eux une voix douce et harmonieuse.

C'était Madeleine, qui sortait de sa chambre.

Elle avait vu et entendu :

Un mois après, le mariage de la gentille Madeeine avec Eugène Charvet se célébrait au château de l'oncle Pascal.

FIN DE L'ONCLE PASCAL.

TABLE DES MATIÈRES

	Pages.
Le Lis du Village.	1
Une Veuve.	53
Le Père Biscuit.	81
L'Anneau du Prince.	159
L'Héritage d'un Maniaque.	209
L'Oncle Pascal.	260

FIN DE LA TABLE.

VERSAILLES. — IMPRIMERIE CERF, 59, RUE DU PLESSIS.

CHEZ LE MÊME ÉDITEUR

TROIS ANS D'ESCLAVAGE CHEZ LES PATAGONS, *Récit de ma captivité*, par A. Guinnard, 1 vol. avec portrait et carte. 2ᵉ édition. . . . . 3 fr. 50

SÉRIE A 2 FR. 50 C. LE VOLUME

LA CHASSE A L'ESCLAVE, par Xavier Eyma.	1 vol.
LES MYSTÈRES D'UN MÉNAGE, par A. Aufauvre.	1 vol.
LE DOUANIER DE MER, par Elie Berthet	1 vol.
UN CURÉ, par Hyppolite Langlois.	1 vol.
LES TROIS FIANCÉES, par Emmanuel Gonzalès.	1 vol.
LA BOURGEOISE D'ANVERS, par Constant Guéroult.	1 vol.
LA BELLE DRAPIÈRE, par Elie Berthet.	1 vol.
LA NOBLESSE DE NOS JOURS, par Amédée Gouët.	1 vol.
L'HOMME D'ARGENT, par le même.	1 vol.
OR ET MISÈRE, par Moléri.	1 vol.
LA LÉGION ÉTRANGÈRE. 2ᵉ série des *Bohèmes du Drapeau*, par A. Camus.	1 vol.
LE BIVOUAC DES TRAPPEURS, par Bénédict-Henry Révoil.	1 vol.
MAISON A LOUER, par Ch. Dickens, traduit par B.-H. Révoil.	1 vol.
LA PUPILLE DU DOCTEUR, par G. d'Ethampes.	1 vol.
JÉROME LE TROMPETTE, par L. de Beaurepaire.	1 vol.
MANJO LE GUERILLERO (suite de *Jérôme*), par le même	1 vol.
LES BOHÈMES DU DRAPEAU, par Antoine Camus, 3ᵉ édition, avec vignettes.	1 vol.
LA CHAMBRE ROUGE, par Mᵐᵉ la comtesse de Bassanville.	1 vol.
LES SALONS D'AUTREFOIS, par la même. 1ʳᵉ, 2ᵉ, 3ᵉ et 4ᵉ séries, chacune.	1 vol.
UN VOYAGE A NAPLES, par la même.	1 vol.
CE QU'IL EN COUTE POUR VIVRE, par Berlioz d'Auriac.	1 vol.
RÉCITS DES LANDES ET DES GRÈVES, par Théodore Pavie.	1 vol.
UN VOYAGE A PÉKIN (Souvenirs de l'expédition de Chine), par G. de Kéroulée.	1 vol.
LA BRETAGNE, paysages et récits, par Eugène Loudun.	1 vol.
QUAND LES POMMIERS SONT EN FLEUR, par Bathild Bouniol.	1 vol.

Pour paraître prochainement :

La Fille du Cabanier, par Elie Berthet. | Le Géant des Montagnes bleues, par
Le Réfractaire, par le même. | Xavier Eyma.
Jean l'égorgeur, par A. Aufauvre. |

SÉRIE A 2 FR. LE VOLUME.

LES TROISIÈMES QUARTS DE NUIT, par G. de la Landelle.	1 vol.
HISTOIRES AMÉRICAINES, par Ed. Auger.	1 vol.
LES CONTREBANDIERS DE SANTA-CRUZ, par Alfred de Bréhat.	1 vol.
LES AMOURS A COUPS D'ÉPÉE, par Gourdon de Genouillac.	1 vol.
NOUVEAUX QUARTS DE NUIT, 2ᵉ édition, par G. de la Landelle.	1 vol.
LE FIL DE LA VIERGE, par Amédée Aufauvre.	1 vol.
UNE PARENTÉ FATALE, par Alfred de Bréhat.	1 vol.
CŒURS DE FEMMES, par Emile Richebourg.	1 vol.
LE MOUTON ENRAGÉ, par G. de la Landelle.	1 vol.
UN GENTILHOMME CATHOLIQUE, par C. d'Héricault.	1 vol.
LES MASQUES NOIRS, par Amédée Aufauvre.	1 vol.
LES ENFANTS DE LA NEIGE, par le même	1 vol.
OTTO GARTNER, par Marin de Livonnière. 2ᵉ édition.	1 vol.
LA DYNASTIE DES FOUCHARD, par le même.	1 vol.
LES QUARTS DE NUIT, 4ᵉ édition, par G. de la Landelle.	1 vol.

Pour paraître prochainement :

La Vengeance d'une morte, par Mᵐᵉ la | Grandeur et décadence d'un Vautrait,
Cᵗᵉˢˢᵉ de Bassanville. | par le marquis de Foudras.
Les Lavandières, par G. d'Ethampes. | L'Héritage de l'Indoue, par A. de B...at
L'Homme de feu, par G. de la Landelle. | Une planche de salut, par Zénaïde Fleuriot.

SÉRIE A 1 FR. LE VOLUME.

LA FRÉGATE L'INTROUVABLE, (101ᵉ maritime), par G. de la Landelle. 3ᵉ édit.	1 vol
LES COUSINES DE L'INTROUVABLE, par le même.	1 vol.
PARIS POUR LES MARINS, par le même.	1 vol.
SOUVENIRS D'UNE VIEILLE CULOTTE DE PEAU. Les Étapes du Père la Ramée.	1 vol.

LES DRAMES DU NOUVEAU-MONDE

Collection de jolis vol. gr. in-18, se vendant séparément 2 fr. le vol.
Riche couverture illustrée en couleurs.

Cette collection est divisée en séries qui paraissent successivement comme suit:

Iʳᵉ Série, par BÉNÉDICT-HENRY REVOIL.
LA SIRÈNE DE L'ENFER. — L'ANGE DES PRAIRIES. — LES ECUMEURS DE MER. — LES PARIAS DU MEXIQUE. — LA TRIBU DU FAUCON-NOIR. — LES FILS DE L'ONCLE TOM.

IIᵉ Série, par JULES B. D'AURIAC : L'ESPRIT BLANC. — L'AIGLE NOIR DES DACOTAHS. — LES PIEDS-FOURCHUS, etc., etc. — **IIIᵉ Série** (sous presse).

www.ingramcontent.com/pod-product-compliance
Lightning Source LLC
Chambersburg PA
CBHW060357170426
43199CB00013B/1903